U0629691

馬德 吕義 主编

敦煌草書寫本識粹

百法論疏抄上卷

馬高强 編著

社會科學文獻出版社
SOCIAL SCIENCES ACADEMIC PRESS (CHINA)

《敦煌草書寫本識粹》編委會

總序

一九〇〇年，地處中國西北戈壁深山的敦煌莫高窟，封閉千年的藏經洞開啓，出土了數以萬計的敦煌寫本文獻。其中僅漢文文書就有近六萬件，而草書寫本則有四百多件二百餘種。同其他敦煌遺書一樣，由於歷史原因，這些草書寫本分散收藏於中國國家圖書館、英國國家圖書館、法國國家圖書館、故宫博物院、上海博物館、南京博物院、天津博物館、敦煌市博物館、日本書道博物館等院館。因此，同其他書體的敦煌寫本一樣，敦煌草書寫本也是一百二十年來世界範圍内的研究對象。

（一）

文字是對所有自然現象、社會發展的記載，是對人們之間語言交流的記録，人們在不同的環境和場合就使用不同的書體。敦煌寫本分寫經與文書兩大類，寫經基本爲楷書，文書多爲行書，而草書寫本多爲佛教經論的詮釋類文獻。

敦煌草書寫本大多屬於聽講記録和隨筆，係古代高僧對佛教經典的詮釋和注解，也有一部分抄寫本和佛典摘要類的學習筆記；寫卷所採用的書體基本爲今草，也有一些保存有濃厚的章草遺韻。

敦煌草書寫本雖然數量有限，但具有不凡的價值和意義。

首先是文獻學意義。敦煌草書寫本是佛教典籍中的寶貴資料，書寫於一千多年前的唐代，大多爲聽講筆記的孤本，僅存一份，無複本，也無傳世文獻相印證，均爲稀世珍品、連城罕物，具有極高的收藏價值、文物價值、研究價值。而一部分雖然有傳世本可鑒，但作爲最早的手抄本，保存了文獻的原始形態，對傳世本錯訛的校正作用顯而易見；更有一部分經過校勘和標注的草書寫本，成爲後世其他抄寫本的底本和範本。所以，敦煌草書寫本作爲最原始的第一手資料可發揮重要的校勘作用；同時作爲古代寫本，保存了諸多引人注目的古代異文，提供了豐富的文獻學和文化史等學科領域的重要信息。

其次是佛教史意義。作爲社會最基層的佛教宣傳活動的内容記録，以通俗的形式向全社會進行佛教的普及宣傳，深入社會，反映了中國大乘佛教的「入世」特色，是研究佛教的具體信仰形態的第一手資料。通過對敦煌草書寫本文獻的整理研究，可以窺視當時社會第一綫的佛教信仰形態，進而對古代敦煌以及中國佛教進行全方位的瞭解。

再次是社會史意義。多數草書寫本是對社會最基層的佛教宣傳活動的内容記録，所講内容緊貼社會生活，運用民間方言，結合風土民情，特别是大量利用中國歷史上的神話傳説和歷史故事來詮釋佛教義理，展現出宣講者淵博的學識和對中國傳統文化的認知。同時向世人展示佛教在社會發展進步中的歷史意義，進一步發揮佛教在維護社會穩定、促進社會發展方面的積極作用，也爲佛教在當今社會的傳播和發展提供歷史借鑒。另外有少數非佛典寫本，其社會意義則更加明顯。

最後是語言學的意義。隨聽隨記的草書寫本來源於活生生的佛教生活，內容大多爲對佛經的注解和釋義，將佛教經典中深奥的哲學理念以大衆化的語言進行演繹。作爲聽講記録文稿，書面語言與口頭語言混用，官方術語與民間方言共存；既有佛教術語，又有流行口語……是没有經過任何加工和處理的原始語言，保存了許多生動、自然的口語形態，展示了一般書面文獻所不具備的語言特色。

當然還有很重要的兩點，就是草書作品在文字學和書法史上的意義。其一，敦煌草書寫本使用了大量的異體字和俗體字，這些文字對考訂相關漢字的形體演變，建立文字譜系，具有重要的價值，爲文字學研究提供了豐富的原始資料。其二，草書作爲漢字的書寫體之一，簡化了漢字的寫法，是書寫進化的體現。敦煌寫本使用草書文字，結構合理，運筆流暢，書寫規範，書體標準，傳承有序；其中許多草書寫卷，堪稱中華書法寶庫中的頂級精品，許多字形不見於現今中外草書字典。這些書寫於千年之前的草書字，爲我們提供了大量的古代草書樣本，所展示的標準的草書文獻，對漢字草書的書寫和傳承有正軌和規範的作用，給各類專業人員提供完整準確的研習資料，爲深入研究和正確認識草書字體與書寫方法，解決當今書法界的很多争議，正本清源，提供了具體材料，從而有助於傳承中華民族優秀傳統文化。同時，一些合體字，如「卄」（菩薩）、「卅」（菩提），「卅」、「卌」或「夳」（涅槃）等，個別的符代字如「煩々」（煩惱）等，可以看作速記符號的前身。

總之，敦煌草書寫本無論是在佛教文獻的整理研究領域，還是對書法藝術的學習研究，對中華民族優秀傳統文化的傳承和創新都具有深遠的歷史意義和重大的現實意義，因此亟須挖掘、整理和研究。

（二）

遺憾的是，敦煌遺書出土歷兩個甲子以來，在國内，無論是學界還是教界，大多數研究者專注於書寫較爲工整的楷書文獻，對於字迹較難辨認但内容更具文獻價值和社會意義的草書寫本則重視不够。以往的有關成果基本上散見於敦煌文獻圖録和各類書法集，多限於影印圖片，釋文極爲少見，研究則更少。這使草書寫本不但無法展現其内容和文獻的價值意義，對大多數的佛教文獻研究者來講仍然屬於「天書」；而且因爲没有釋文，不僅無法就敦煌草書佛典進行系統整理和研究，即使是在文字識别和書寫方面也造成許多誤導——作爲書法史文獻也未能得到正確的認識和運用。相反，曾有日本學者對部分敦煌草書佛典做過釋文，雖然每見訛誤，但收入近代大藏經而廣爲流傳。此景頗令國人汗顔。

敦煌文獻是我們的老祖宗留下來的文化瑰寶，中國學者理應在這方面做出自己的貢獻。三十多年前，不少中國學人因爲受「敦煌在中國，敦煌學在外國」的刺激走上敦煌研究之路。今天，中國的敦煌學已經走在世界前列，但是我們不得不承認，還有一些領域，學術界關注得仍然不够，比如説對敦煌草書文獻的整理研究。這對於中國學界和佛教界來説無疑具有强烈的刺激與激勵作用。因此，敦煌草書寫本的整理研究不僅可以填補國内的空白，而且在一定程度上仍然具有「誓雪國耻」的學術和社會背景。

爲此，在敦煌藏經洞文獻面世一百二十年之際，我們組織「敦煌草書寫本整理研究」項目組，計劃用八年左右的時間，對敦煌莫高窟藏經洞出土的四百多件二百餘種草書寫本進行全面系統的整理研究，内容包括對目前已知草書寫本的釋録、校注和内容、背景、草書文字等各方面的研究，以及相應的人才培養。這是一項龐大而繁雜的系統工程。「敦煌草書寫本識粹」即是這一項目的主要階段性成果。

（三）

「敦煌草書寫本識粹」從敦煌莫高窟藏經洞出土的四百多件二百餘種草書寫本中選取具有重要歷史文獻價值的八十種，分四輯編輯爲系列叢書八十册，每册按照統一的體例編寫，即分爲原卷原色圖版、釋讀與校勘和研究綜述三大部分。

寫本文獻編號與經名或文書名。編號爲目前國際通用的收藏單位流水號（因竪式排版，收藏單位略稱及序號均用漢字標識），如北敦爲中國國家圖書館藏品，斯爲英國國家圖書館藏品，伯爲法國國家圖書館藏品，故博爲故宫博物院藏品，上博爲上海博物館藏品，津博爲天津博物館（原天津市藝術博物館併入）藏品，南博爲南京博物院藏品等；卷名原有者襲之，缺者依内容擬定。對部分寫本中卷首與卷尾題名不同者，或根據主要内容擬定主題卷名，或據全部内容擬定綜述性卷名。

釋文和校注。竪式排版，採用敦煌草書寫本原件圖版與釋文、校注左右兩面對照的形式：展开後右面爲圖版頁，左面按原文分行竪排釋文，加以標點、斷句，並在相應位置排列校注文字。釋文按總行數順序標注。在校注中，爲保持文獻的完整性和便於專業研究，對部分在傳世大藏經中有相應文本者，或寫本爲原經文縮略或摘要本者，根據需要附上經文原文或提供信息鏈接；同時在寫本與傳世本的異文對照、對比方面進行必要的注釋和説明，求正糾誤，去僞存真。因草書寫本多爲聽講隨記，故其中口語、方言使用較多，校注中儘量加以説明，包括對使用背景與社會風俗的解釋。另外，有一些草書寫本有兩個以上的寫卷（包括一定數量的殘片），還有的除草書外另有行書或楷書寫卷，在校釋中以選定的草書寫卷爲底本，以其他各卷互校互證。

研究綜述。對每卷做概括性的現狀描述，包括收藏單位、編號、保存現狀（首尾全、首全尾缺、尾缺、尾殘等）、寫本内容、時代、作者、抄寫者、流傳情況、現存情況等。在此基礎上，分内容分析、相關的歷史背景、獨特的文獻價值意義、書寫規律及其演變、書寫特色及其意義等問題，以歷史文獻和古籍整理爲主，綜合運用文字學、佛教學、歷史學、書法學等各種研究方法，對精選的敦煌草書寫本進行全面、深入、系統的研究，爲古籍文獻和佛教研究者提供翔實可靠的資料。另外，通過對草書文字的準確識讀，進一步對其中包含的佛教信仰、民俗風情、方言術語及其所反映的社會歷史背景等進行深入的闡述。

與草書寫本的整理研究同時，全面搜集和梳理所有敦煌寫本中的草書文字，編輯出版敦煌草書寫本字典，提供標準草書文字字形及書體，分析各自在敦煌草書寫本中的文字和文獻意義，藉此深入認識漢字的精髓，在中國傳統草書書法方面做到正本清源，又爲草書文字的學習和書寫提供準確、規範的樣本，傳承中華優秀傳統文化。在此基礎上，待條件成熟時，編輯「敦煌寫卷行草字典合輯」，也將作爲本項目的階段性成果列入出版計劃。

「敦煌草書寫本識粹」第一輯有幸得到二〇一八年國家出版基金的資助；蘭州大學敦煌學研究所將「敦煌草書文獻整理研究」列爲所内研究項目，並争取到學校和歷史文化學院相關研究項目經費的支持；部分工作列入馬德主持的國家社會科學基金重大項目「敦煌遺書數據庫建設」，並得到了適當資助，保證整理、研究和編纂工作的順利進行。

希望「敦煌草書寫本識粹」的出版，能够填補國内敦煌草書文獻研究的空白，開拓敦煌文獻與敦煌佛教研究的新領域，豐富對佛教古籍、中國佛教史、中國古代社會的研究。

由於編者水平有限，錯誤之處在所難免。我們殷切期望各位專家和廣大讀者的批評指正。同時，我們也將積極準備下一步整理研究敦煌草書文獻的工作，培養和壯大研究團隊，取得更多更好的成果。

是爲序。

馬德　吕義

二〇二一年六月

釋校凡例

一、本册以伯二三五八爲底本，參校以斯三九九四及《大正新修大藏經》相關文字。

二、釋録時，對於筆畫清晰可辨，有可嚴格對應的楷化異體字者（與通用字構件不同），使用對應的楷化異體字；不能嚴格對應的（含筆畫增減、筆順不同等），一般採用《漢語大字典》釐定的通用規範繁體字。

凡爲歷代字書所收有淵源的異體字（含古字，如仏、礼等；俗字，如实、导等）、假借字，一般照録。

凡唐代官方認可並見於正楷寫卷及碑刻而與今簡化字相同者，有的即係古代正字（如万、无、与等），爲反映寫卷原貌，均照録。

三、對於寫卷中所用的佛教特殊用字，如上下疊用之合體字𦫳（菩薩），𦬇（菩提），「卌」、「𠦃」或「夰」（涅槃），「⿱艹提」（菩提），⿱艹埵（薩埵），⿱艹婆（薩婆）等，或符代字如「煩々」（煩惱）等，均以正字釋出。

凡不可辨識或無法補出的空缺，均以□替代。

四、録文一律使用校正後的文字和文本，並對文本進行校勘。對原卷仍存的錯訛衍脱等情況，在校記中加以説明。爲方便辨識原卷行間補寫與原字未改而於右側勘正的情況，對這兩類也在校記中加以説明。另外，參校本斯三九九四缺失文字的，一般注明「無」，當有而無者，則注明「缺」。鑒於快速記録時引述並不嚴格，問答起訖不很明確，録文標點中不使用引號。

目録

伯二三一五八《百法論疏抄上卷》釋校

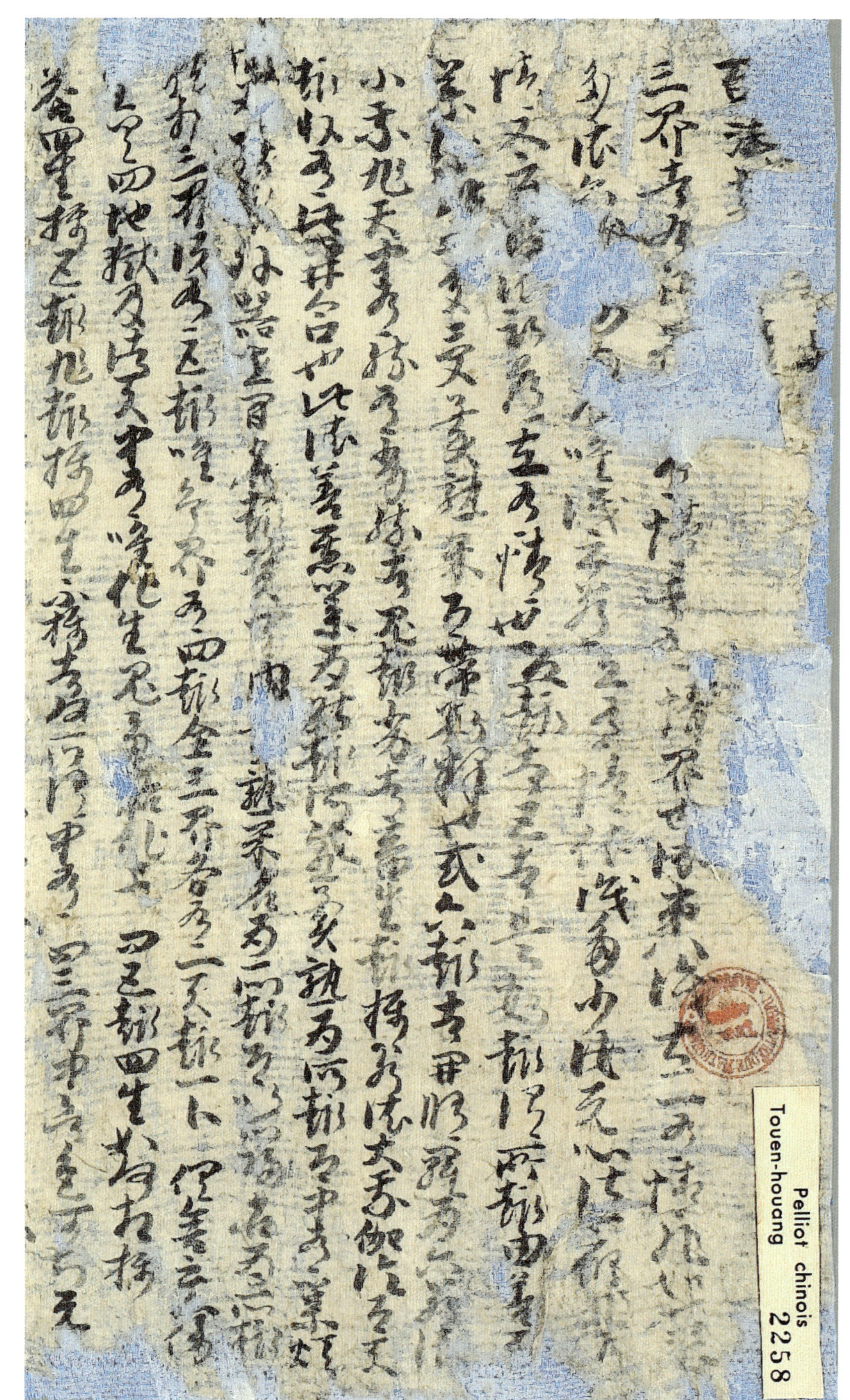
Pelliot chinois
Touen-houang
2258

百法□
三界者，有□□□□即□言有情界也，依弟八識立一有情，非如□
多依六□□□□《唯識》云：若立有情依識多少，汝無心位，應非有
情。又云：□即□取蘊在有情也。五趣者，五者是數，趣謂所趣。由善惡
業□□□□受異熟果，即帶數釋也。或六趣者，開脩羅爲六。若依
小乘非天中有勝有劣，勝者鬼趣；劣者畜生趣。攝若依大乘伽論，即天
趣，收有此菩薩合也。此依善惡業爲能趣，所感異熟爲所趣，即中有業煩
□□□□外器世間，名趣資具，內〔異〕[一]熟果，名爲所趣。即以心歸，名爲
所樹
□於三界說有五趣，唯色界有四趣，全三界各有二，天趣一分。《俱舍》云：
人傍
生具四，地獄及諸天中，有唯化生，鬼通胎化二。問：五趣四生如何相攝？
答：四生攝五趣，非趣攝四生。不攝者何？所謂中有。問：三界中欲色可知无

校注

【一】「異」，據《妙法蓮華經玄贊》卷二補。見《大正新修大藏經》，新文豐出版公司，一九八三，第三四冊，第六八四頁。

三

處□[二]不。《俱舍》云：无色界无受，由生有四種，依同分及命，令心等相續。

一三 □□无色□□□□□[二]處，所以无色法，无有方[三]所，過去未來无表无色，不
住方所，
一四 理決然故。但異熟生差别有四，名无色界，此四非由上下，但由生故，勝劣有
一五 殊，於得定處，命終即於是〔處〕[四]生故。問：无色依何而住？答：依衆同分
及□
一六 根，令心等相續。漂者喻善趣，溺者喻惡趣，循環者即往來周遍□
一七 □□死□如寒暑更代不息也。喘者疾瀨也[五]，又□□□□□流
一八 沙□□□□□常空有之見，通内外道之執。紛者乱也，紏者□□也。
一九 □百法有體依他。問：中假安立得□□明人法二空，依遍言空也。隨□
二〇 説藥者，病息□忘者病謂□□□□□□□□俱二空言智，對空説有，對有

校注

【一】據下文，此處可補「生」字。【二】據《阿毗達磨俱舍論》卷八，此處缺字爲「界中都無有」，見《大正藏》第二九册，第四一頁。【三】方，原作「友」，校改作「方」。【四】「處」，據《阿毗達磨俱舍論》卷八補。見《大正藏》第二九册，第四一頁。【五】「喘者疾瀨也」，見《説文解字》卷十一，中華書局，一九六三，第二三〇頁。

二一 說空，空有之病□除二空之藥，斯□□言□□□□病者。若住有

二二 一无之教生執著心，即爲病矣。悟病成業者，即空有之法，无執取之心，二見

二三 □是藥也。非空者圓成性，非□者遍計性，即者從緣生也。即虛者

二四 □故《涅槃》云：從緣生故名之爲有，无自性故名之爲无。百非者，

百家

二五 □親以鞭骨表矣。陳那以嗷石顯能也。四句有二，謂外道□□

二六 □句者。一執有法〔与〕[一]有等性，其體定一，謂數論離有，法外

有別有

二七 □俱能有性，故名法，謂性各別故。二執有法与有等性

二八 □□□□勝論師□。三執有法与有等性，亦一亦異，謂无慚等，俱有

二九 若□□名異且如色法与彼色性，名亦名異无別體故，一義差別故□

三〇 四執有法与有等性，非一〔非〕[二]異，如邪命等。非一異言同一異。故若非一

執同

校注

【一】「与」，據《成唯識論》卷一補。見《大正藏》第三一册，第三頁。【二】「非」，據《成唯識論》卷一補。見《大正藏》第三一册，第三頁。

從生第九義疏因故從生故云因一義故從生之小乘一分說四句中是其
謂且如彼宗說青等時現稱空之相聚不可　大乘四句塵說所攝者其
相又可說相但塵等說現可本等以此二相一自相二共相自相
唯是見聞所得現量一分說共相是量比量所有一切名言唯識塵說是共大
乘所說四句塵說所攝法自相理不可言是故如來不能說　故立塵
世四句皆盡大乘四句真實四句皆是也　然因論顯言等是依談言
云第三四句言語塵說所說之教皆自存乎故此道云能所言教所安依
理故言說方自悟能以說等見說相而說聽者之見聽相而聽故證摩云
其說法者無說無示其聽法者無聞無得如幻事為幻人說法等　故前
此云如來所說法者於此言說中立第一義諦教演時故皆不可說　說時故

三一 □論失，若非異執同數論失，故言同一異。故外道小乘所説四句，即是表
三二 □且如彼宗説青等時，名義相稱，定相繫屬。大乘四句遮詮所攝青等
三三 □相不可説故，但遮黄等説名爲青，然彼青等皆有二相：一自相，二共相。自
相
三四 唯是見量，所得非言所説。共相是其比量，所知一切名言，唯能遮詮。是故大
三五 乘所説四句，遮詮所攝諸法自相，理不可言。是故如來亦不能説。外道迷
三六 妄四句皆虚。大乘四句，四句真实，四句皆是。然因詮顯旨等者，此有伏難之
意。
三七 云若亡四句，言語道斷，能詮之教豈得存乎？故此通云，然以言教顯發深
三八 理，故假言説，方得悟解。以説者无説相而説，聽者亦无聽相而聽，故《維
摩》云：
三九 其説法者无説无示；其聽法者无聞无得。喻如幻事，爲幻人説法等。《般若
四〇 論》云：如來所説法者，此等言説中立弟一義諦，敷演時故，皆不可取。聽聞
時故，

四一　非法者分別性故，非非法者无我性故。即顯離二執而説離二見而聽也。

四二　此前文三行疏是護法弟子最勝子瑜伽等言。瑜伽者，此云相應。謂觀行

四三　者，所起諸行，因果相應，定惠相應，与理相應，心境相應。釋題目中言

四四　本事分中略録名數等者，《瑜伽論》始終揔有五分：一本地分，略廣分別十七地義，

四五　十七地義者，一五識身相應地，二意識身相應地，三有尋有伺地，四无尋唯[一]伺地，

四六　五无尋无伺地，六三摩呬多地，七非三摩呬多地，八有心地，九无心地，十聞所成

四七　地，十一思所成地，十二脩所成地，十三聲聞地，十四緣覺地，十五菩薩地，十六有餘依地，

四八　十七无餘依地。二攝決釋分，略攝決釋十七地中深密之義。三攝釋分，略攝

四九　解釋諸經儀軌。四攝異門分，略釋諸經所有差別名義。五攝事分，略攝三藏

校注

【一】「唯」，原作「无」，校改作「唯」。

五〇 衆要事義，此即《瑜伽》本地分中明此百法名數，今略録之以示方隅也。即十支中

五一 之一支也。十支者，一略陳名數支，即《百法論》是。二粗釋體義支，《五蘊論》是。

五二 三揔包眾義支，即《顯揚論》是。以上三論世親造。四揔攝[一]大義支，《攝大乘論》无著□

五三 无性菩薩及世親各造釋十卷。五分別名數支，《集[二]論》是。无著造，本覺師子

五四 釋安惠操。六離僻彰中支，《弁中邊論頌》是，慈氏釋，即天親。

五五 七傕破耶山支，《廿唯識》是，世親造。八高建法幢支，《卅唯識頌》，世親釋，即護

五六 法等。九庄嚴體義支，《大庄嚴論頌》，即慈氏釋，即世親。十攝散歸觀支，

五七 《分別瑜伽論》，慈氏造。此十名目，淄州昭法師製也。又有釋云：分即《對法》本事分

校注

【一】「攝」字是旁邊補寫。【二】「集」，寫卷中與「舉」形同，小訛，釋文據文義録作「集」，下不再注。

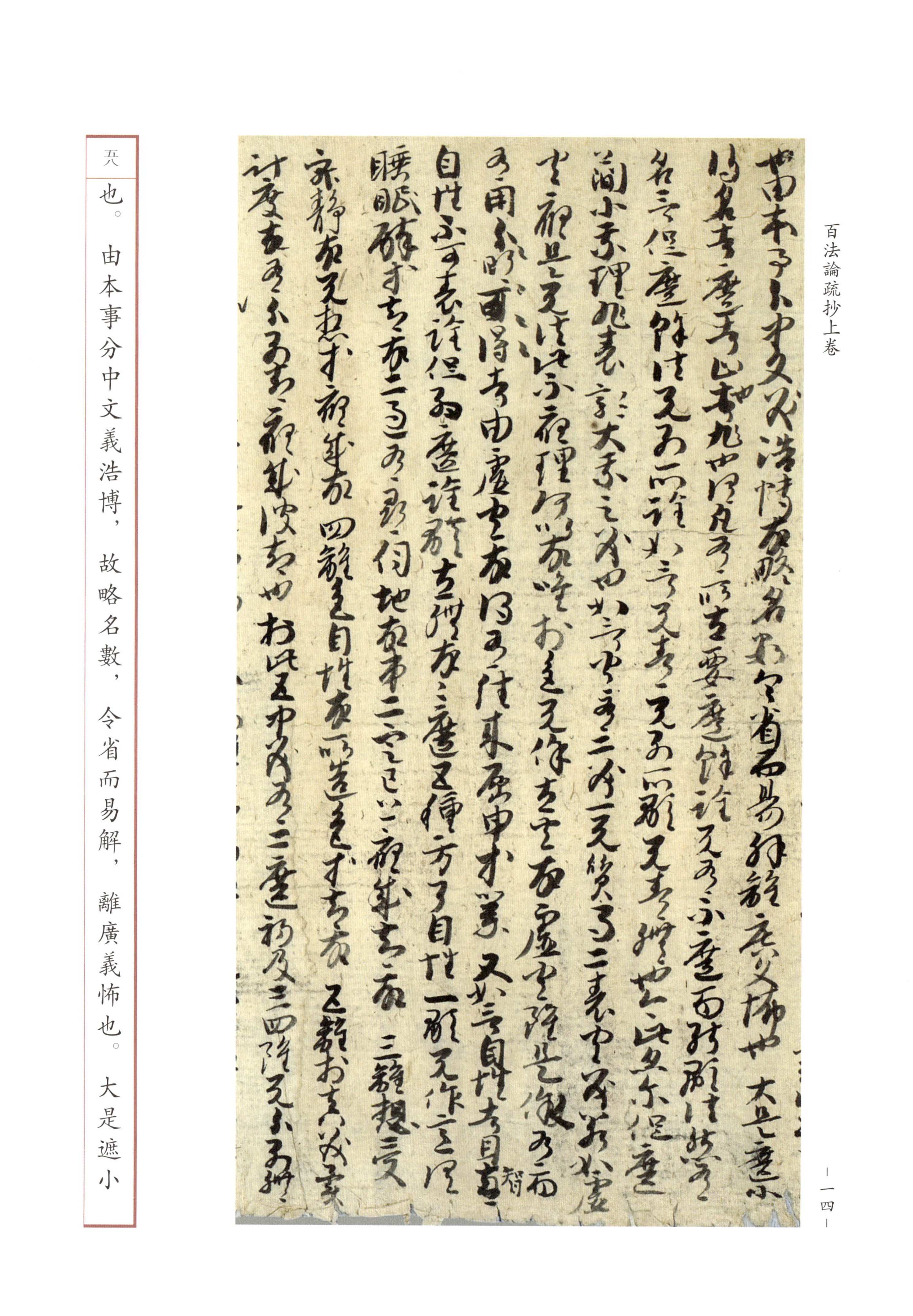

五八

也。由本事分中文義浩博，故略名數，令省而易解，離廣義怖也。大是遮小

五九 得名者，遮者止也[一]、非也，謂凡有所立要遮餘詮，无有不遮而能顯法，然有
六〇 名言：但遮餘法，无別所詮。如言无知无別，所顯无智體也，今此亦尔。但遮
六一 簡小乘理，非表彰大乘之義也。如言皆有二義：一无質㝵，二表空義。若如虛
六二 空應是无法，此不應理。何以故？唯於色无假立空故。虛空雖是假有，而
六三 有用[二]分明可得。分明可得者，由虛空故。得有[三]往來屈申等業。又如言自性
者，目智[四]
六四 自性不可表詮，但約遮詮，離立體故，故遮五種方了自性。一離无作意，謂
六五 睡眠醉等智故。二過有尋伺地，故弟二定已上，應成智故。三離想受
六六 寂靜故，无想等應成故。四離色自性故，所造色等智故。五離於真義異
六七 計度故，有分別智應成彼智也。於此五中，義有二遮，初及三四，雖无分別，
體

校注

【一】「也」，原作「者」，校改作「也」。【二】「有用」，《瑜伽師地論》卷六作「有業用」，見《大正藏》第三〇册，第三〇六頁。【三】「有」，《瑜伽師地論》卷六作「起」，見《大正藏》第三〇册，第三〇六頁。【四】「智」，草書字旁又補一楷書字。

六八 非是智，二及弟五，雖即是智，而有分別。離二種相，故名无分別，故言遮也。

六九 所言大乘者，无著論《對法》十一，各有十義，名雖有別，義即无差。无著

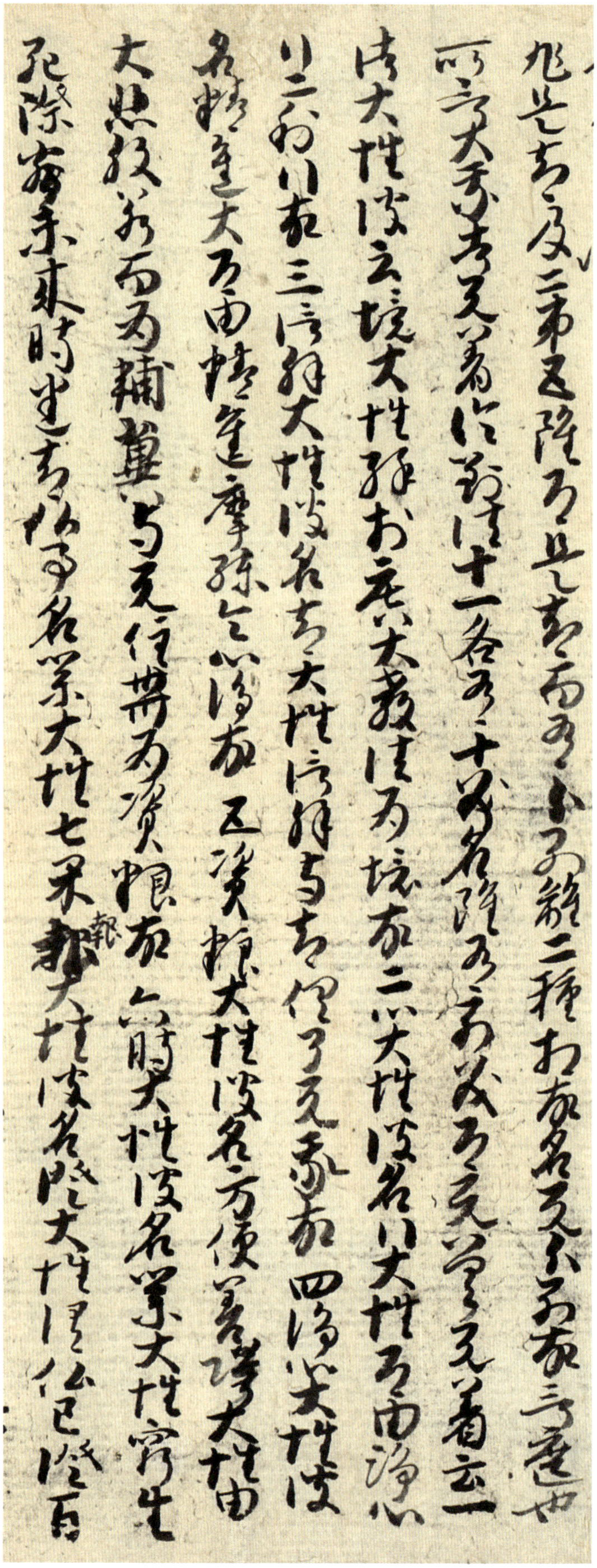

云：一
七〇 法大性。彼云境大性，緣於廣大教法爲境故。二心大性，彼名行大性，即由淨
心，
七一 行二利行故。三信解大性，彼名智大性，信解与智，俱了无我故。四淨心大
性，彼
七二 名精進大〔性〕[一]，即由精進摩練令心淨故。五資粮大性，彼名方便善巧大
性，由
七三 大悲般若而爲輔翼[二]，与无住涅槃爲資粮故。六時大性，彼名業大性，窮生
七四 死際、察未來時，建智[三]仏事名業大性。七果報[四]大性，彼名證大性，謂仏已
證百

校注

【一】「性」，據《大乘百法明門論疏》補，見《中華大藏經》，中華書局，一九九七，第一〇〇册，第二一八頁。【二】「輔翼」，《大乘百法明門論疏》卷一作「方便」，見《中華大藏經》第一〇〇册，第二一八頁。【三】「建智」，《大乘百法明門論疏》卷一作「建立」，見《中華大藏經》第一〇〇册，第二一八頁。【四】「報」字是旁邊補寫。

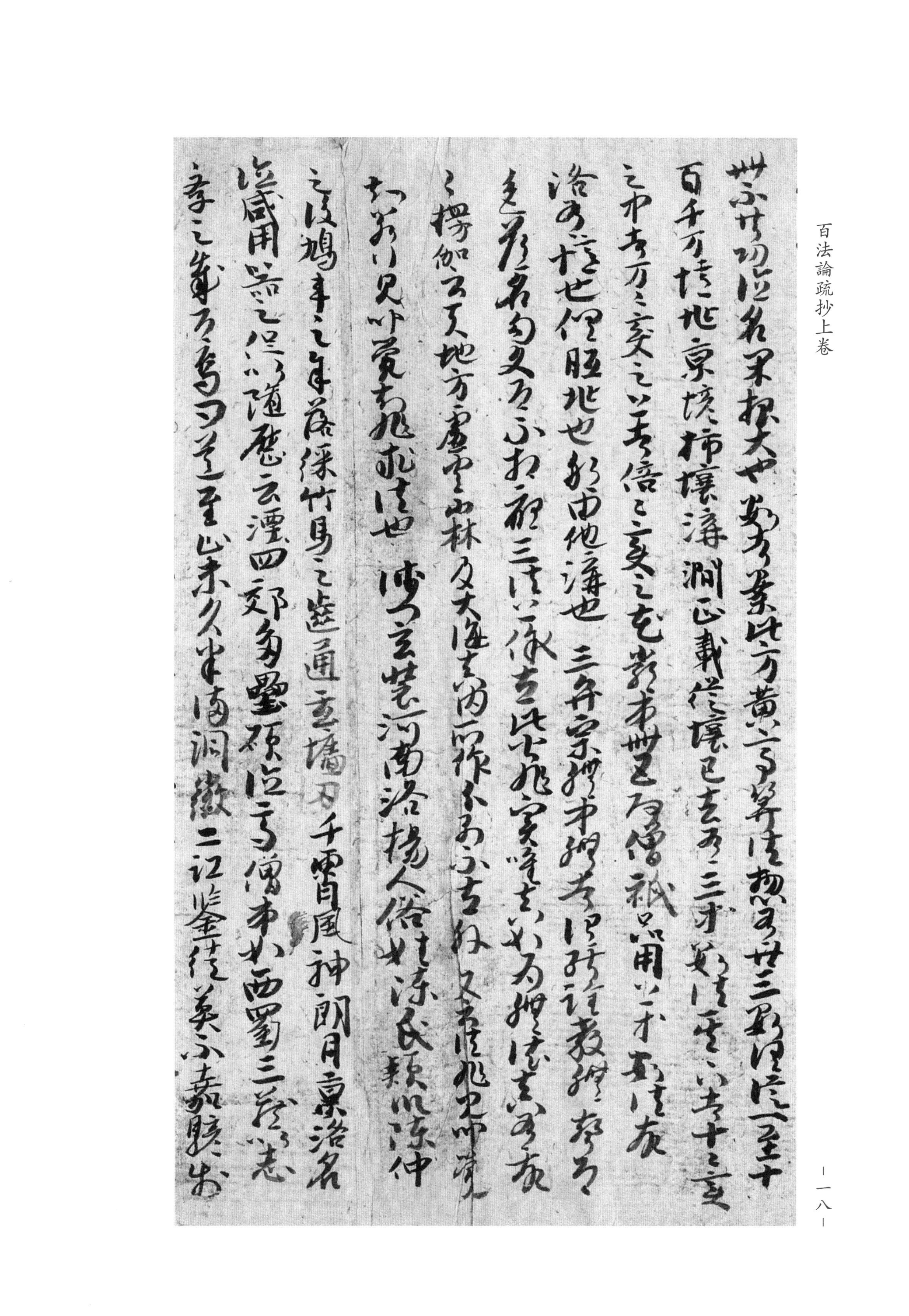

卌不共功德，名果報大也。數者，案此方黄帝筭法，揔有廿三。數謂從一至十百千万億兆京垓秭壤溝澗正載，從壤已去有三等數法，其下者十十變之，中者万万變之，上者倍倍變之。《花嚴》弟卌五《阿僧祇品》用上等數法，故洛有憶也。俱胝兆也，那由他溝也。三弁宗體中體者，謂能詮教體，聲即色蘊，名句文即不相應，三法上假立，此皆非实，唯真如爲體，依真有故。故《楞伽》云：天地方虚空，山林及大海，真内所作，分别不在外。又云：法非見聞覺知，若行見聞覺知，非求法也。沙門玄裝（奘），河南洛揚（陽）人，俗姓陳氏，潁川陳仲〔弓〕[一]之後。鳩車之年落綵，竹馬之齒通玄。墙刃干霄，風神朗月，京洛名德咸用器之。但以随歷云湮，四郊多壘，碩德高僧弟如西蜀。三藏以志李之歲即焉，問道至止。未久半滿洞微，二江鑒徒莫不嘉駭。戒

校注

【一】「弓」，據《古今譯經圖紀》《翻譯名義集》《金剛暎卷上》等補。

具云畢偏肆此居依止祥林妙式羣籍泊武德之日所欠執役同江
徇友金陵鄔郢于時漢陽王以盤石之寄崇蕃鎮荊楚先以高名馨穀
請數揚要旨於荊府天皇寺講授大乘及百法明門等論江漢名僧欽風
雲萃王及公卿親詣法筵三隆析微通鑒妙盡（盡）理源王以頃季以來
曾未遇時大法者珠等並以漢吳盡疑窮三藏既覩妙辯而歎
曰豈期以葉擒末究乃遇太陽初暉乎遂以貞觀之年師之卒禮三藏
自是年漢洞鑒歸於九丘探幽旨于八藏常慨義數傳文理未諜者
以如來之教不全雪山之偈猶半遂杖錫西域從師於義既學者五
明窮三藏遂使小乘及外道之各構異端以謗大乘因造制惡見論以制
十八部小乘破九十五種外道之邪[illegible]造會宗論以融（融）會瑜伽中觀之微言以靜大乘
之紛[illegible]終于時才印度尚日王聽領五印度諸國內外博綜才藝俊越欽崇

具云畢，偏肆毗尼，儀止祥淑，妙式羣範。洎武德[一]定鼎，文軌攸同，㳂江倘友，途經鄢郢。于時漢陽以盤石之寄蕃鎮荊楚，先聞高譽，殷請敷揚。爰於荊府天皇寺講《攝大乘》及《阿毗曇》等論。江淮名僧欽風雲萃。王及公卿親詣法筵。三藏析微通質，妙盡[二]理源。王公碩斈得未曾有。其時大德智琰等。並江漢英霊解窮三藏。既覩妙弁，泣而歎曰：豈期以桒榆末光，得遇太陽初輝乎？遂以從心之年師之卒礼。三藏自是年後閱筌蹄於九丘，探幽旨于八藏。常慨教缺傳受，理味[三]譯[四]者。以如意之寶不全，雪山之偈猶半，遂杖錫西域，履險若夷，既斈盡五明，解窮三藏。然彼小乘及外道，各構異論誹毀大乘。因造制惡見論。制十八部小乘，破九十五種外道。并造會中論，融會《瑜伽》《中論》之微旨。以靜大乘之糺紛。于時，中印度戒日王揔領五印度諸国。内外博綜才藝俊越。觀乎

校注

【一】「武德」，《古今譯經圖紀》作「武皇」，見《大正藏》第五五册，第三六六頁。【二】「盡」，原字有草書校改，又於右側補一楷書字。

【三】「味」，《古今譯經圖紀》作「翳」，見《大正藏》第五五册，第三六六頁。【四】「譯」，原作「課」，據《金剛暎卷上》改。

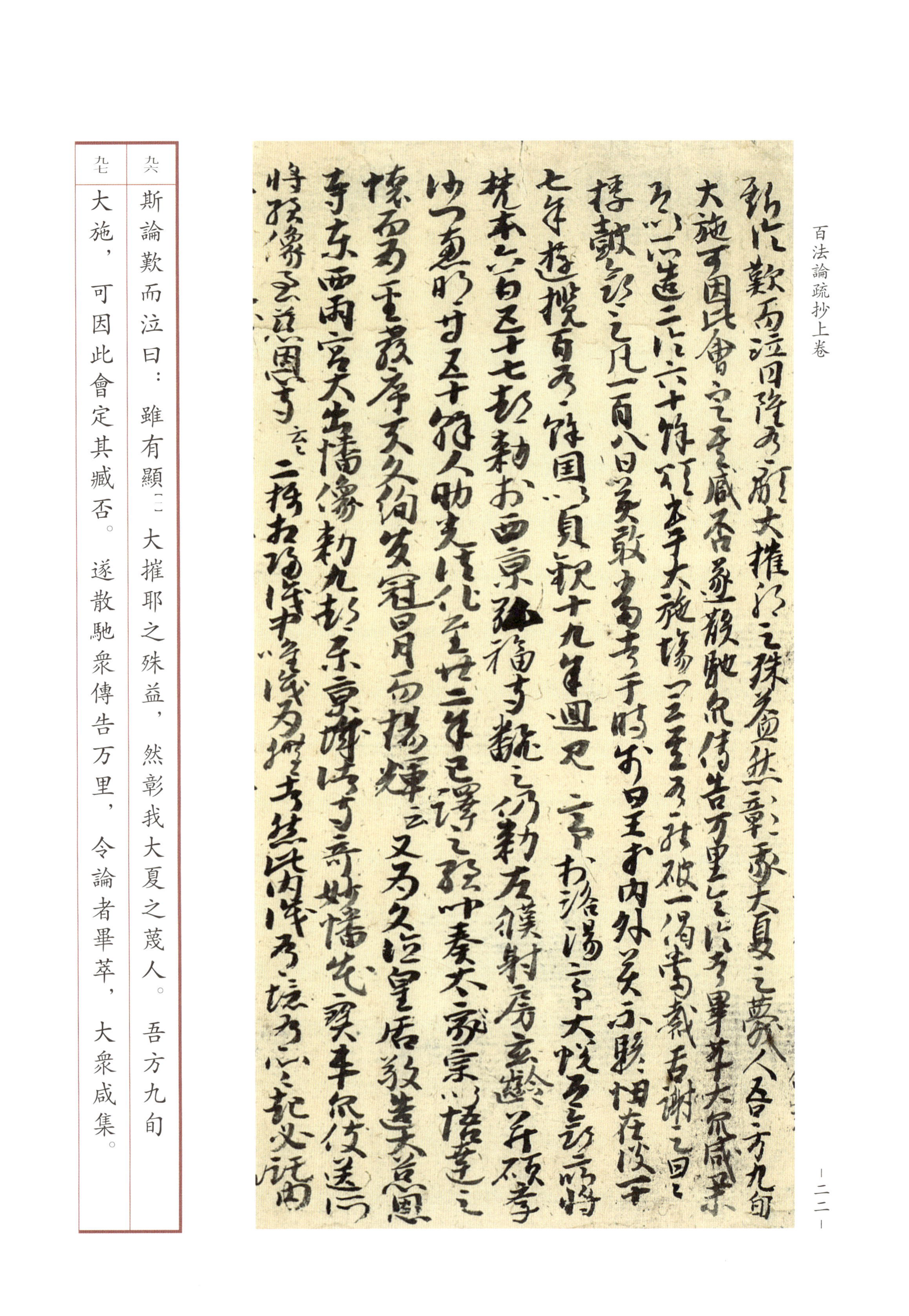

九六 斯論歎而泣曰：雖有顯[一]大摧耶之殊益，然彰我大夏之蔑人。吾方九旬

九七 大施，可因此會定其臧否。遂散馳衆傳告万里，令論者畢萃，大衆咸集。

九八 即以所造二論六十[二]餘頌書于大施場門，云其有能破一偈，當截[三]舌謝之。日
日
九九 桴皷命之，凡一百八日，莫敢當者。于時，戒日王等内外莫不駭怛。在彼一十
一〇〇 七年，遊攬百有餘国。以貞觀十九年迴，見帝於洛陽。帝大悦，即命所將
一〇一 梵本六百五十七部，敕於西京弘福寺飜之。仍敕左僕射房玄齡，并碩斈
一〇二 沙門惠明等五十餘人，助光法化。至廿二年已譯之經聞奏，太宗以悟達之
一〇三 懷而爲《聖教序》。天文絢發，冠日月而揚輝云。又爲文德皇后敬造大慈恩
一〇四 寺。东西兩宫大出幡像，敕九部樂，京城諸寺奇妙幡花寶車，衆伎送所
一〇五 將經像至慈恩寺云云。二攝相歸識中唯識爲體者，然此内識有境有心，心起必
託内

校注

【一】「顯」，原作「離」，據《古今譯經圖紀》改，見《大正藏》第五五册，第三六七頁。【二】「六十」，《古今譯經圖紀》作「六千」，見《大正藏》第五五册，第三六七頁。【三】「截」，字形左下部爲「衣」上加「丿」，字是「截」之别體，形似「裁」。

一〇六 境生故，但識言唯不言唯境。三界虛妄者，唯就世間有漏法說故，《楞伽》云：由自心

一〇七 執著，心似外境轉。以彼境非有，是故說唯心。但依執心虛妄現故。《深密》云：我說識

一〇八 所緣等者，此依一切有无之法以弁唯識，即依識之所緣有无境界說也，又識變相隋[一]

一〇九 无量種而能變識類別。唯三長行釋云：變謂識體轉似二分，相見俱依自證起

一一〇 故。攝相見未歸識本故，所說理事真俗觀等，皆此門攝。或說內識轉似外境，相見俱

一一一 依自證起故者，內識言顯能變，見分轉似外境，即是相分。似我似法是依他起意，云

一一二 由內見分變似相分，依彼相分，諸聖教中假說我法，轉謂轉變，依自體上變成二分

一一三 似，謂相似由分別故，似外所執我法相現，故知似者是相似義，或可非實，故說似言，非謂

校注

【一】「隋」，當作「隨」。

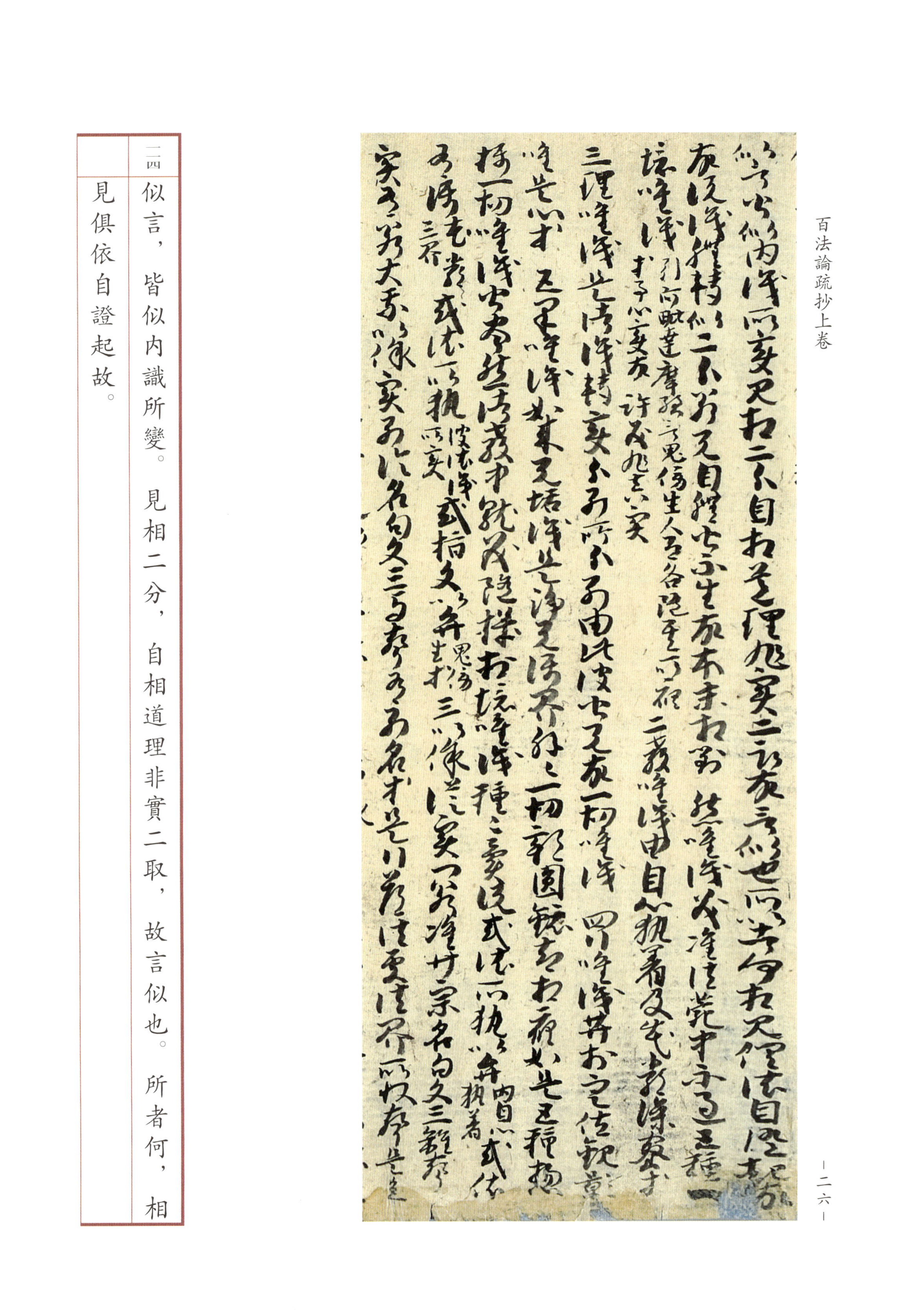

二四 似言，皆似内識所變。見相二分，自相道理非實二取，故言似也。所者何，相見俱依自證起故。

故説識體轉似二分，若无自體皆不生故，本末相對。然唯識義准法苑中不過五種：一境唯識，引《阿毗達摩經》言：鬼、傍生、人即各隨其所應，等事心變故，許義非真实。二教唯識，由自心執著，及《花嚴》《深密》等。三理唯識，是諸識轉變，分別所分別，由此彼皆无，故一切唯識。四行唯識，菩薩於定位觀影唯是心等。五果唯識，如來无垢識，是淨无漏界解，解一切彰圓鏡智，相應如是。五種揔攝一切唯識皆盡，然諸教中就義隨機。於境唯識種種異説，或依所執以弁。内自心執著。或依有漏。花嚴三界。或依所執。彼依識所變。或指文以弁。鬼、傍生等。三以假從实門若准薩宗，名句文三離聲实有，若大乘，以假实別論名句文三，与聲有別，名等是行蘊，法處法界所收。聲是色蘊，聲處聲界所攝，各不同也。以名句等依聲上屈曲假立，離聲无體，其猶忿等，依嗔假立，此亦如是。《唯識》弟二云：名詮自性，句詮差別，文即是字，爲二所

依，此三離聲雖无別

二四 體，然假实異亦不即聲，由此諸詞二无㝵。解境有差別，聲与名等蘊處界攝亦各

二五 有異者，名是色聲味等名也，句者諸行无常等。爲二所依者，俱名句二名能依，文即所依

二六 然假实異，故名句等。三假聲即是实假实別，故亦不即聲，由此諸詞二无㝵。解境

二七 差別者，法即名句，文詞即音聲，故言差別，法即法无㝵，詞即詞无㝵，若言名句等，皆

二八 实有體，應如色等非实能詮，等即等取香味觸等，以皆是实離聲有體，故此破薩宗

二九 汝实名等應非能詮，是宗中法，因云以離聲实有體故。同喻云：猶如色等合量云色

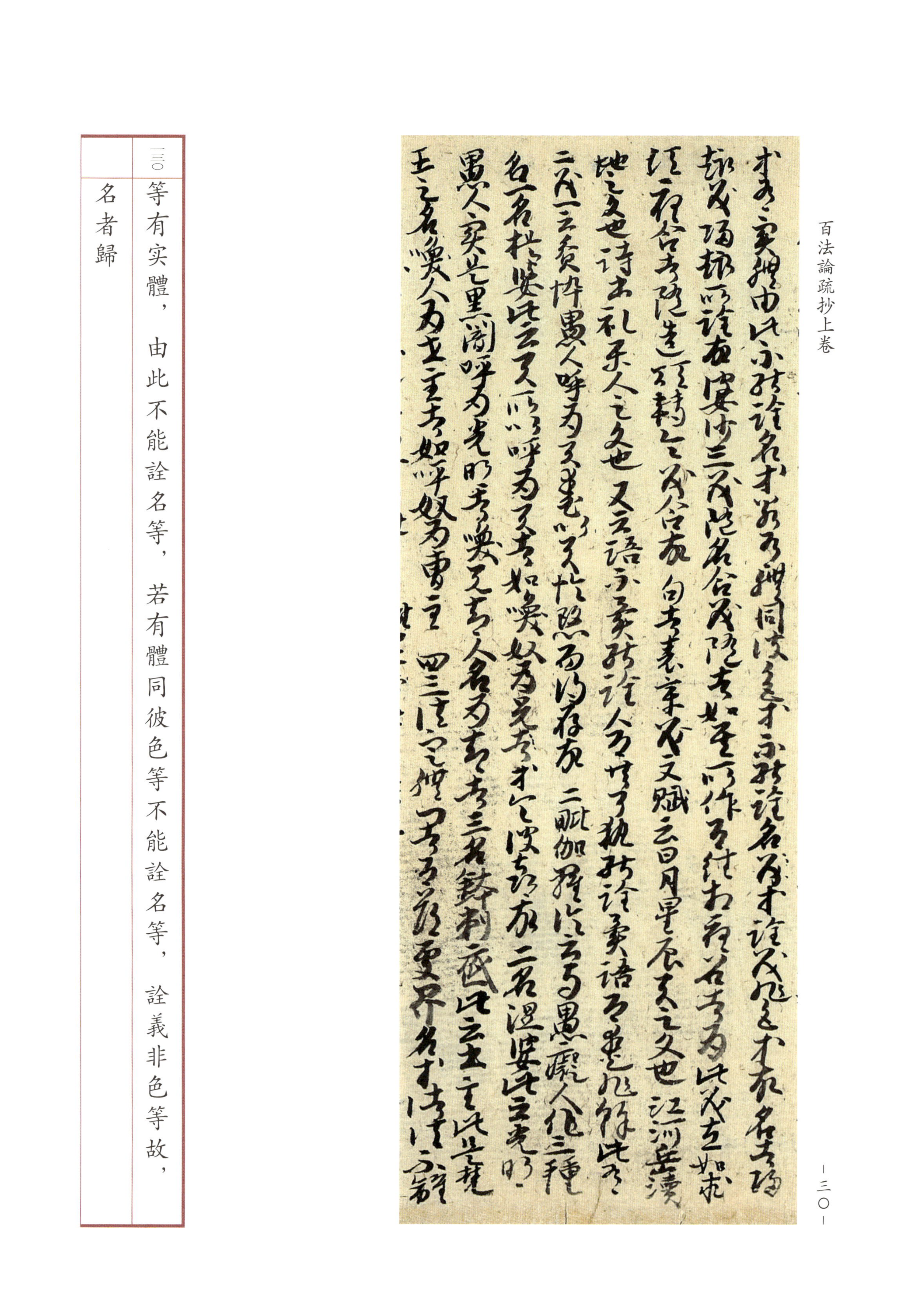

一三〇

等有实體，由此不能詮名等，若有體同彼色等不能詮名等，詮義非色等故，

名者歸

二一 趣義，歸趣所詮，故婆沙三義隨名合義，隨者如其所作，即往相應。名者爲此義立，如求

二二 須應合者，隨造頌轉令義合故。句者表章義，《文賦》云：日月星辰天之文也，江河岳瀆

二三 地之文也，詩書礼樂人之文也。又云：語不異能詮人即共了執能詮異語，即愛非餘，此有

二四 二義：一云貧悴愚人呼爲天愛，以天怜愍而得存故。二《毗伽羅論》云：与愚癡人作三種

二五 名，一名提婆，此云天，所以呼爲天者，如喚奴爲兄等，令彼喜故。二名濕婆，此云光明，

二六 愚人实是黑闇，呼爲光明者，喚无智人名爲智者。三名鉢剌底，此云出主，此是梵

二七 王之名，喚人爲世主者，如呼奴爲曹主。四三法定體門者，即蘊處界名等，諸法不離

此三，皆意識之境也。薩婆多此，云有毗婆沙，此云廣解經部宗，以經爲量，不取律論，假実二聲爲體。五法數出體門，大唐三藏開爲八門，漸略於前三門，各分爲二。

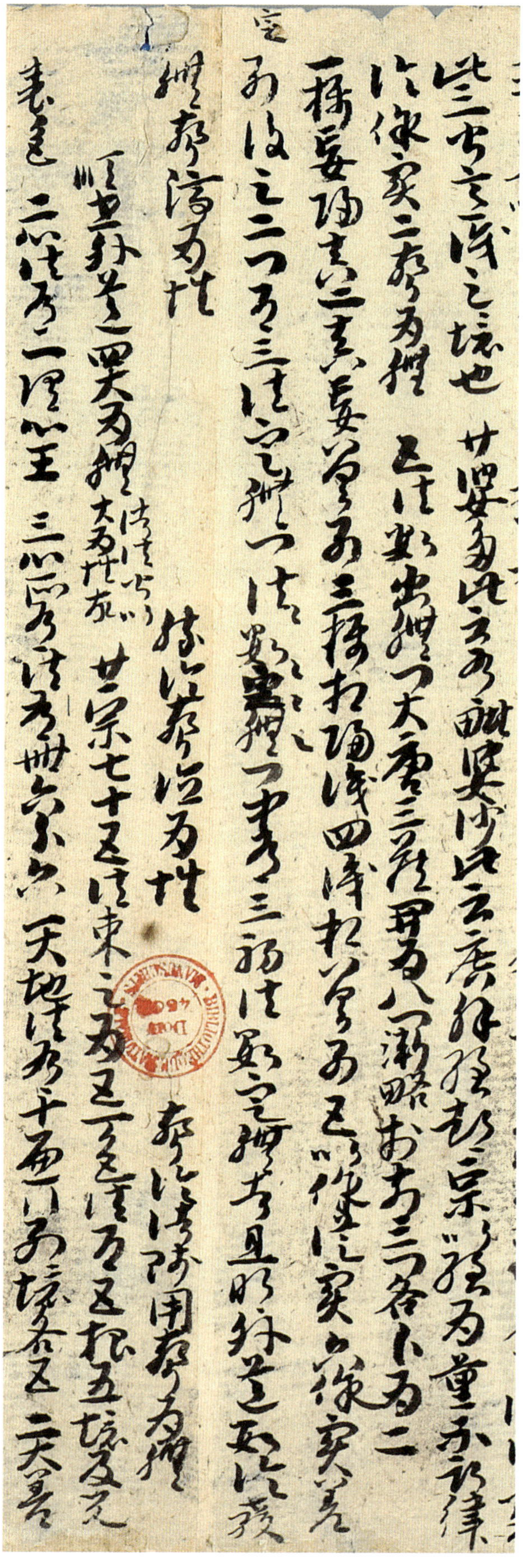

一攝妄歸真，二真妄差別，三攝相歸識，四識相差別，五以假從实，六假实差[一]。
定別後之二門，即三法定體門、法數定體。法數定體門中有三，初法數定體者，且明外道，數論教
體，聲諦爲性。勝論，聲德爲性。聲論諸師，用聲爲體。[二]
順世外道四大爲體，諸法皆以大爲性故。[三]薩宗七十五法束之爲五：一色法，即五根五境及无
表色。二心法有一，謂心王。三心所有法，有卌六分，以一大地法有十，遍行別境各五；二大善

校注

【一】「三攝相歸識，四識相差別，五以假從实，六假实差」，《成唯識論了義燈》卷一作「三攝義歸名，四攝假歸實，五攝劣歸勝，六攝相歸性」，見《大正藏》第四三冊，第六六二頁。【二】此行空字較多，據《解深密經疏》卷一，自「數論教體」以下當爲「數論外道，聲諦爲體，依勝論宗，聲德爲性」。見《卍續藏經》，新文豐出版公司，一九九五，第三四冊，第五八三頁。【三】「諸法皆以大爲性故」，原是小字，當係補寫。據《解深密經疏》卷一，此當爲正文。見《卍續藏經》，第三四冊，第五八三頁。

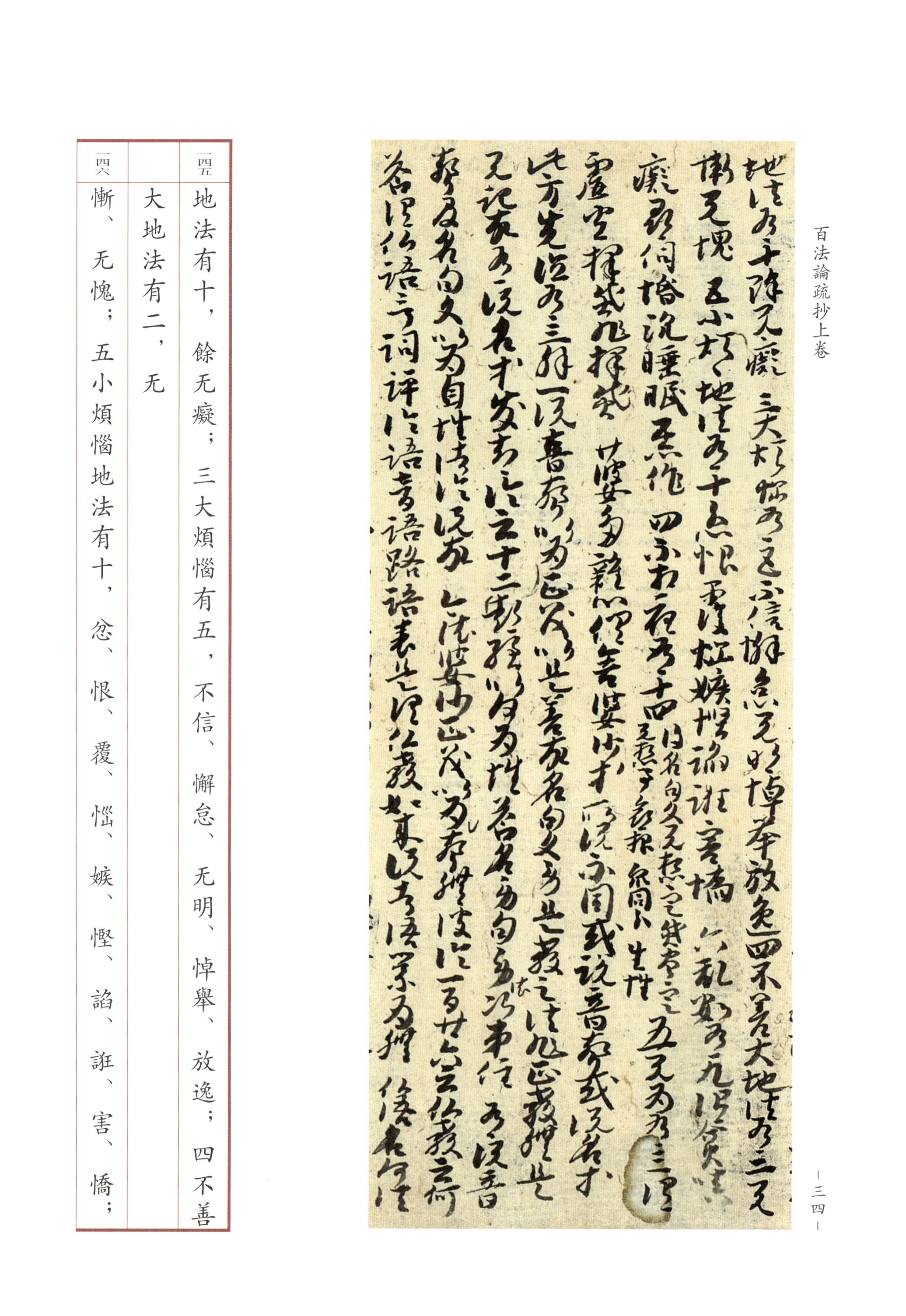

一四五 地法有十，餘无癡；三大煩惱有五，不信、懈怠、无明、悼舉、放逸；四不善

大地法有二，无

一四六 慚、无愧；五小煩惱地法有十，忿、恨、覆、惱、嫉、慳、諂、誑、害、憍；

六亂數有九，謂貪、嗔

一四七 癡、尋伺、惛沉、睡眠、惡作。四不相應有十四。得名句文无想定、滅盡定、无想事命根衆同分生性。五无爲有三，謂

一四八 虛空、擇滅、非擇滅。薩婆多雜心，《俱舍》《婆沙》等所説不同，或説音聲或説名等。

一四九 此方先德有三解：一説音聲以爲正義，以是善故，名句文身是教之法，非正教體，是

一五〇 无記，故有[一]説名等。《發智論》云：十二部經以何爲性？答：名身句身依[二]次弟住，有説音

一五一 聲及名句文以爲自性諸論説故。今依《婆沙》正義以聲爲體，彼論一百廿六云：仏教云何？

一五二 答：謂仏語言詞評論語音語路語表，是謂仏教。如來説者，語業爲體。仏語名何法？

校注

【一】「有」，下有一點。【二】「依」字爲旁邊補寫。

一五三 答：謂名身句身文身，次弟行列，次弟安住，次弟連合，此即揔顯仏教化用。

依經部

一五四 宗以聲爲體，順正理師破云：汝不應名句文身即聲爲體。攝論无性，釋中亦

尔，諸

一五五 契經句語爲自性，亦不應理。然依經部有此三釋。一云十二處中聲處爲性，離

聲无

一五六 別名等性故。一云通用聲處法處爲性。如何經部有三釋者，三藏解云：但以契

經爲

一五七 定量者，名爲經部，故彼宗有此釋經部師者，其本即譬喻師也。仏去世後一百

年

一五八 中，北天竺怛叉翅羅国，有鳩羅多論師，此云童公，造九百論。時五天竺有五

大德論

一五九 師出，喻如日出，明導世間，名日出論，以似於日，故名譬喻師。或說此師造

喻鬘論集

一六〇 諸奇事，名譬喻師，經部之種族，經部以此所說爲宗。當時猶未有經部，經部

四百年

〔二六一〕中出故。今依大乘揔有百法等者，且心法有八，心所有法五十一，色法十一
種，不相應有
〔二六二〕廿四，无爲有六。《維摩經》云：仏以一音等者，俱以一梵音中説法，衆生隨

已言音，各各别
一六三 解也。如《花嚴》云：有一女人名爲善口，若發一聲，其音即与百千樂合，彼
女人者无
一六四 心思慮令与樂合，仏亦如是。又此土衆生難化者，《涅槃》云：調伏有三種，
一畢境煗語，
一六五 二畢惡麁語，三麁細二語。隨應之法而教導之，此界要以音聲名句文聞熏習
一六六 力，方能入法，与諸土不同也。若餘土之中，有以香味獨等以爲仏事。即《浄
名經》云：文殊与
一六七 諸大衆詣維摩詰舍，舍利弗心念，時既至此，諸大衆當於何食？浄名曰：仁爲
食來，爲
一六八 法來耶？舍利弗言：我爲法來，非爲食也。於是浄名起神通力於上方界，分過
卌二恒
一六九 河沙仏土，有世界名香臺，皎然顯現，令諸大衆悉遙見彼世界諸仏菩薩國土
等。浄

一七〇 名語大衆曰：誰能往彼取香食耶？以文殊威力，大衆默然。淨名曰：此諸大衆，无乃可恥。

一七一 文殊對曰：如仏所言，勿輕未斈。淨名不起于坐，化作菩薩，在大衆前而告之

言：汝可往彼〔一〕

一七二 世界，如我辭曰：維摩詰頂礼世尊足下致敬，无量少病少惱等，願得世尊所食

一七三 之餘，於娑婆世界施作仏事。彼仏与其香飯，還土，彼諸菩薩无量无邊，悉來

至

一七四 維摩詰舍。大衆食訖，浄名問彼菩薩言：彼仏世尊常説何法，令諸大衆得入律

行。

一七五 彼菩薩言：彼仏化生无言无説，但聞彼仏微妙身香及以樹香，自然得入甚深三

昧，故知

一七六 香中有名句文〔身〕〔二〕，即以香爲仏事。若依光幢世界，以光明爲仏事，即得

悟道。或有

一七七 動頭揺目，謦咳〔三〕彈指虚空，或説三世八相成道等以爲仏事云云。又聲是能詮

體，

校注

【一】「彼」，《法華經玄贊釋》下有「香積」二字，見《卍續藏經》第九三册，第四六頁。【二】「身」，據《法華經玄贊釋》卷一補，見《卍續藏經》第九三册，第四六頁。【三】「謦咳」，原作「磬嗐」，據《妙法蓮華經玄贊》卷十、《法華經玄贊要集》卷二等改。

一七六 名句文是能詮用，體用相藉，假实合說以爲教體。所知境界等者，此明契經體

一七七 即文及義，是菩薩所應知境界。故文即能顯義，由能顯義故說爲文。名身者謂

共
知增語，句身者謂名字圓滿。字身者謂若究竟，若不究竟，名句所依。云何爲
義？略有十種。一者地義，乃至略義廣義。地義者，謂資粮等五地及十七
地，廣如《瑜伽》
八十一，不能廣述。弟二本影有无，四句者，此中意説仏所説法，即是本質何
難聞
法，識心之上，文字相現即是影像，如是本影同。一唯本无影，如正量部。二
唯影
无本。三本影俱有，即護法宗。四本影俱无，即清弁宗。初薩婆多宗中言仏十
五界是有漏，及多聞、雪轉、犢子、法上、賢胄、正量、密林山、化地、經量
十部同
説，非諸仏語皆爲利益，要逗物機。發心入道，名爲利益，唯八聖道是正法
輪。
世尊所説亦有不如義等。如問天雨与食等事。又如説央掘摩羅於仏生嗔，无

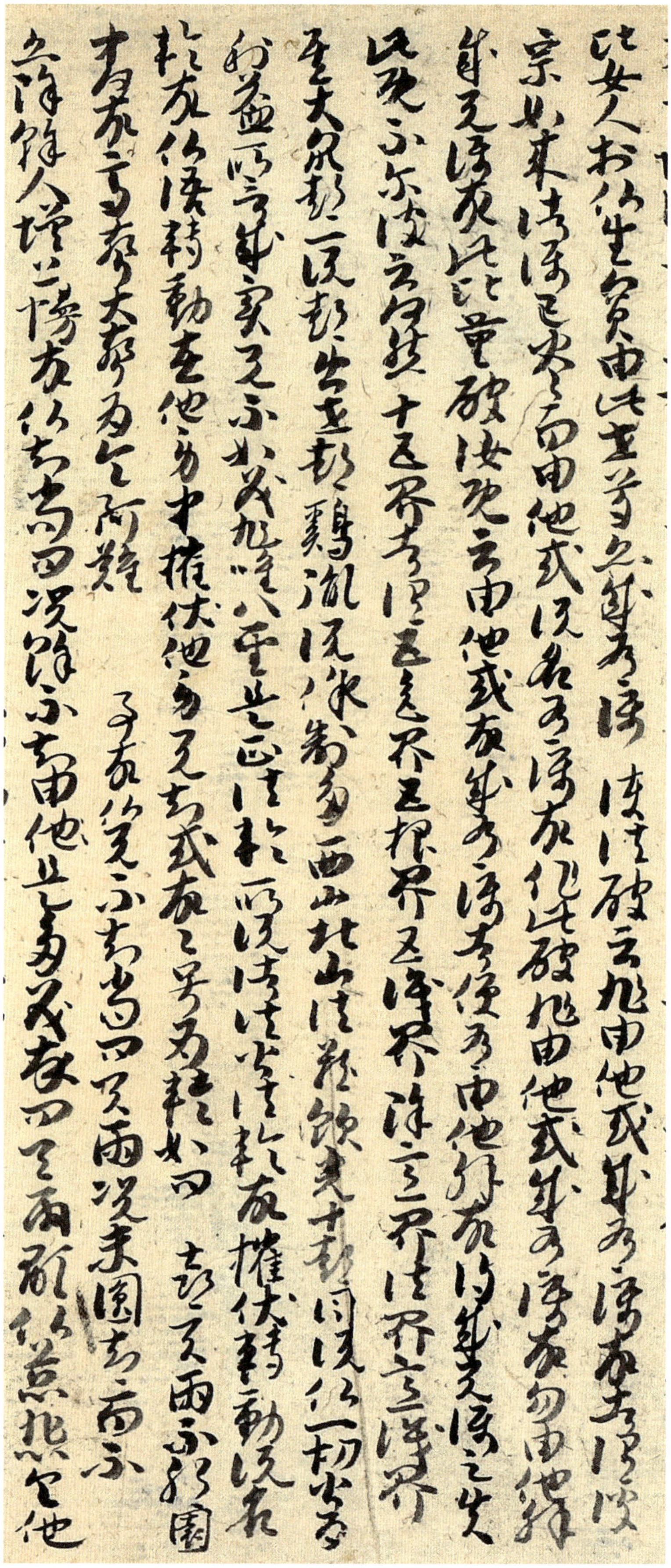

一八八 比女人於仏生貪。由此世尊亦成有漏，護法破云：非由他或成有漏故者，謂彼

一八九 宗如來諸漏已盡，而由他或說名有漏故作此破非由他，或成有漏故勿由他解

一九〇 成无漏，故此比量破汝。既云由他或故成有漏者，便有由他解故得成无漏之失。

一九一 此既不尔，彼云何然。十五界者，謂五色界五根界五識界，除意界法界意識界，

一九二 其大衆部，一説部、出世部、鷄胤部、説假、制多、西山、北山、法藏、飲光，十部同説，仏一切皆爲

一九三 利益，所言成实无不如義，非唯八聖是正法輪，所説諸法皆法輪。故摧伏轉動説名

一九四 輪故，仏語轉動，在他身中摧伏他身无知或故，故号爲輪。如問喜天雨不耶。園

一九五 中何故高聲大聲，爲令阿難□事故，仏无不知尚問天雨，况未圓智而不□

一九六 亦除餘人增上慢故，仏知尚問，况餘不知。由他是多義，故問天雨顯仏慈悲，令他

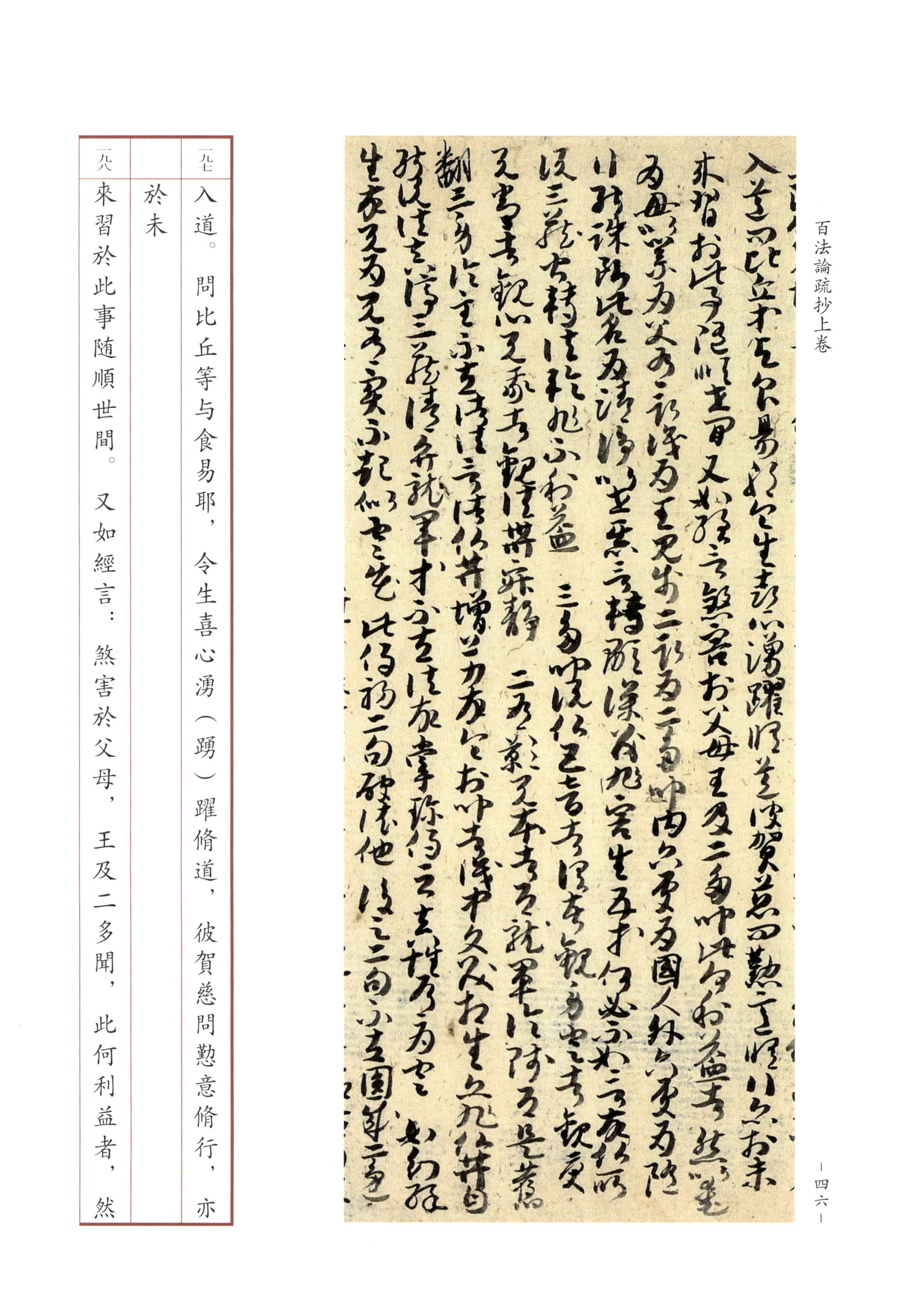

一九七 入道。問比丘等与食易耶，令生喜心湧（踴）躍脩道，彼賀慈問懃意脩行，亦

於未

一九八 來習於此事隨順世間。又如經言：煞害於父母，王及二多聞，此何利益者，然

以愛爲母，以業爲父，有取識爲王，見戒二取爲二多聞，内六處爲國人，外六處爲隨行，能誅斷此名爲清浄。以世惡言轉顯深義，非害生五[一]等，何必不如言。故仏所説三藏皆轉法輪，非不利益。三多聞説仏五音者，謂苦觀身空者，觀受无常者，觀心无我者，觀法涅槃寂静。二有影无本者，即龍軍論師，即是舊翻三身論主，不立諸法，言諸仏菩薩增上力故，令於聞者識中文義相生，亦非仏菩薩自能説法。真諦三藏、清弁、龍軍等不立法。故《掌珎》偈云：真性有爲空，如幻緣生故，无爲无有实，不起似空花。此偈初二句破依他，後之二句不立圓成，二邊

校注

【一】「母」，原作「五」，據《大乘法苑義林章》卷一改。參見《阿毗達磨大毗婆沙論》一百一十九卷。

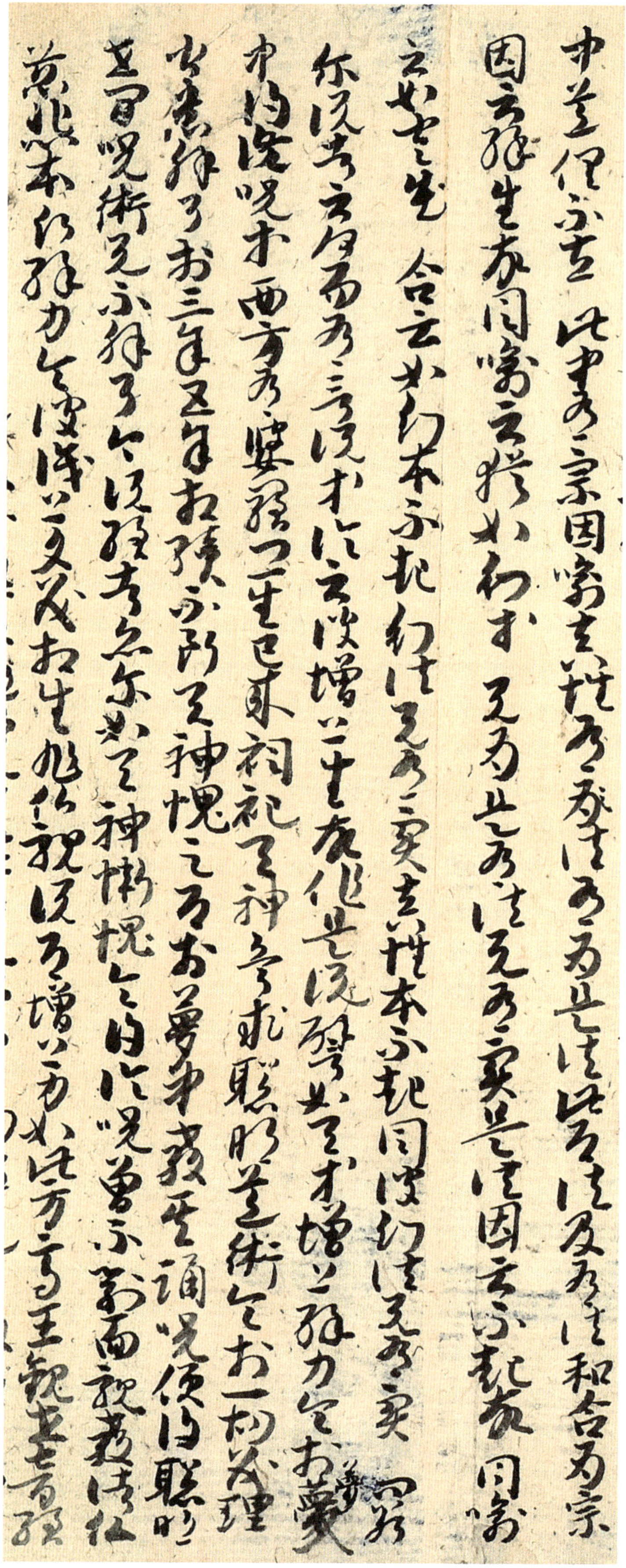

二〇六 中道俱不立。此中有宗因喻，真性有法，有爲是法，此即法及有法，和合爲宗

二〇七 因云緣生，故同喻云：猶如幻等。无爲是有法无有实，是法因云不起故同喻

二〇八 云如空花。合云如幻，本不起幻法无有实真性，本不起同彼幻法无有实。問：

若

二〇九 尔，說者云何而有言說等。論云：彼增上生故作是說，譬如天等增上緣力，令

於夢[一]

二一〇 中得論呪等。西方有婆羅門，一生已來祠祀天神，欲求聰明道術，令於一切義

理

二一一 皆悉解了，於三年五年，相續不斷。天神愧之，即於夢中教其誦呪，便得聰

明，

二一二 世間呪術无不解了。今說經者亦尔，如天神慚愧[二]，令得論呪，曾不對面親

教。諸仏

二一三 慈悲本願緣力，令彼識上文義相生，非仏親說，即增上力，如此方《高王觀世

音經》，

校注

【一】「夢」，原作「蕿」，校改作「夢」。【二】「如天神慚愧」應作「天神已慚愧故」，見《法華經玄贊釋》，《卍續藏經》第九三册，第四九頁。

二四 无天人説，夢中教也，自心成熟，故作仏説也。此意説仏所爲功德絶相微妙是
净法

二五 界无分别，智非色聲等麁相之法也。弟三句中本影俱有者，親光言：據仏利

他，

二六 後智之中，有五種思擇，安立思擇中，而爲衆衆說三乘法，此爲本質教也。衆衆識上文

二七 義相生，雖不親得，然似彼相分明，顯現影像教也。然本質教一向无漏，一相一味。影

二八 像之教通漏无漏，衆衆尋彼影教，悟解不同，種種差別，故通有漏也。今親光

二九 同護法无著等宗，教有質影。仏慈悲力，名質教起，衆生識上善根熟力，能

三〇 聞彼教，即影像生，兩相感擊增上緣力，名爲說法。由此《廿唯識》偈云：展轉增

三一 上力，二識成決定。即其義也。釋云：謂餘相續差別力故，令餘相續差別識生，彼

三二 此樂爲增上緣故，謂仏与衆生俱有五蘊，故相續一報[一]體，言餘者，說者是聽者

校注

【一】「報」，原作「顯」，校改作「期」，據《法華經玄贊釋》，應作「報」，見《卍續藏經》第九三册，第五〇頁。

二三 之餘，聽者是說者之餘，故兩句法之餘相續也。由彼說者本願緣力，識心之上，作三

二四 乘五乘，常无常差別，爲說故令聞者善根力故。識心之上亦作三乘五乘，常
二五 无常差別解生也。故言彼此互爲增上緣故者，此中不但是增上緣，望彼質
二六 教，亦有所緣緣，謂令彼識上文義相生，即影像教也。所慮所託，名所緣
二七 緣也。所慮者，影教，所託者，質教也。要託本質，影方生故。一切如來具有三身
二八 等功德，由離分別名不說法，豈不化生名不說也。或能聞者識變似彼等者，即仏
二九 爲增上緣故，衆生能聞之識心上似仏文義相生，故名本影俱有也。三身義略以
三〇 三門分別：一弁名，二出體，三開合廢立，餘如法菀廣明。弟一弁名者，《仏地經》說：自
三一 性法身受用變化差別轉[一]。《金光明經》弟一三身[二]亦說，一切如來有三種身，一者化身，

校注

【一】「轉」，原作「緣」，參照《法華經玄贊要集》卷一「自性法身受用變化差別轉身分三」改。【二】「弟一三身」，《大乘法苑義林章》卷七作「第二卷三身品」，見《大正藏》第四五册，第三五八頁。

身，二應身，三者法身。如是三身攝受阿耨菩提[一]。《仏地論》說：自性即是

初自性身，體

不變。故《唯識》云：是一切法平等実性。无性云：非假所立故名自性，非如

餘身
二三四 合集成故，是所依止故名爲身。自性即身，持業釋法，謂差别諸功德義，性
二三五 謂本體，義之體故名爲法性。无性釋言，法性即身故名法身。或法即是諸有
二三六 爲德，此是彼體法之性故，名爲法性。无性釋言，或是諸法所依止處。《唯
識》云：大功德法
二三七 所依止故。《仏地論》云：力无畏等諸功德法所依止故，名爲法性，是依主
釋，身有三義。《唯
二三八 識》云：體依聚義，摠説名身，法性即身，是持業釋，受用即是自受[二]用身，
能令自他
二三九 種種受用大法樂故。自受用身自受法樂，他受用身令他受樂。《唯識》云：自
受用身

校注

【一】「阿耨菩提」，《大乘法苑義林章》卷七作「阿耨多羅三藐三菩提」，見《大正藏》第四五册，第三五八頁。【二】「自受」，《大乘法苑義林章》作「次受」，見《大正藏》第四五册，第三五九頁。

二四〇 恒自受樂，他受用身爲十地衆現通説法，決衆疑網令他受樂。合此二種，名

二四一 受用身，自受用身是持業釋，受用即身故，他受用身是依主釋，受用之身。

故，

《金光明經》亦名應身，但説他受用，不説自受用，名爲應身，應宜現身名應身，故如彼經説：爲諸菩薩得通達故，説於真諦，乃至是身能現八十種好，項背圓光，是名應身，自受用身，彼經説是法身攝故，若准《仏地論》説：變化即是後變化身，示現種種變化事，故轉換呈[一]形名无，而現有曰化，變与化異，是相違釋，變化即身，是持業釋，摠名三身，是帶數釋。弟二出體者，《仏地》《唯識》皆作是説，清浄法界是自性身。《攝大乘論》智殊勝説，轉去阿賴耶識得自性身。《庄嚴論》説轉弟八識得圓鏡智，故合二法爲自性身，平等性智妙觀察智爲受用身。《庄嚴論》説平等

校注

【一】「呈」字是旁邊補寫。

二四九 性智於純淨土，爲諸菩薩現仏身故，說觀察智大集會中，說法斷疑現自在故。

此

二五〇 須二智爲他受用。《荘嚴》又說：轉諸轉識得受用身。此顯二智爲自受用，成
所作
二五一 智爲變化身。《仏地經》說：成所作智於十方土，現无量種難思化故，前說轉
去藏識
二五二 得者，謂由轉滅弟八識中二障麁重，證得法身故。智殊勝中說法身者，是彼依
止
二五三 彼实性故。实非智攝有義。《仏地論》說：清浄法界爲自性身，四智自性相應
共有，
二五四 常遍色身真实功德，爲自受用身。三无數劫所脩成故，爲十地菩薩所現，一分
二五五 細相功德爲他受用，爲諸菩薩受法樂故，若爲三乘有情所現，一分麁相爲變化
身，
二五六 地前三乘所應見麁，非是脩成真实功德，但化用故，然此二身皆四智相應所
化，有

二五七 倶見[二]麁細分成二類。地前三乘但依他用，發心脩行而未能證廣大法樂，故此

化身

二五八 不名受用。弟三開合廢立者，或揔名一仏寶，覺性、覺相、覺用三種滿故，合

名[二]

二五九 《涅槃經》等唯説三寶真體同故，説一法身，或説爲二。《寶性論》弟三説：
有二種法身，一寂
二六〇 静法界身，二得彼因身。所謂説法，彼習氣故。一麁二細，由依法界，爲諸菩
薩説深密
二六一 法，依真諦説，名之爲細。若説契經及應頌等種種差别，依世俗説名之爲麁，
皆依
二六二 法身，及由此説，當得法身，法身因故亦名法身，即餘二身所作用，同唯識説
在大牟尼名法
二六三 身故。《仏地論》又説：一生身，二法身，自实報皆名法身，他受用身及化身
俱名生身。

校注

【一】「有俱見」，《大乘法苑義林章》卷七作「有情宜見」，見《大正藏》第四五册，第三六〇頁。【二】「合名」，《大乘法苑義林章》卷七下有「爲仏」，見《大正藏》第四五册，第三六〇頁。

二六四 又彼論說：一世俗仏即變化身，二勝義仏即法報身。《天親論》說：一真仏，

二非真仏，初是

二六五 法身，後餘二身，本末異故。《解深經》及《瑜伽》七十八亦說有二：一法

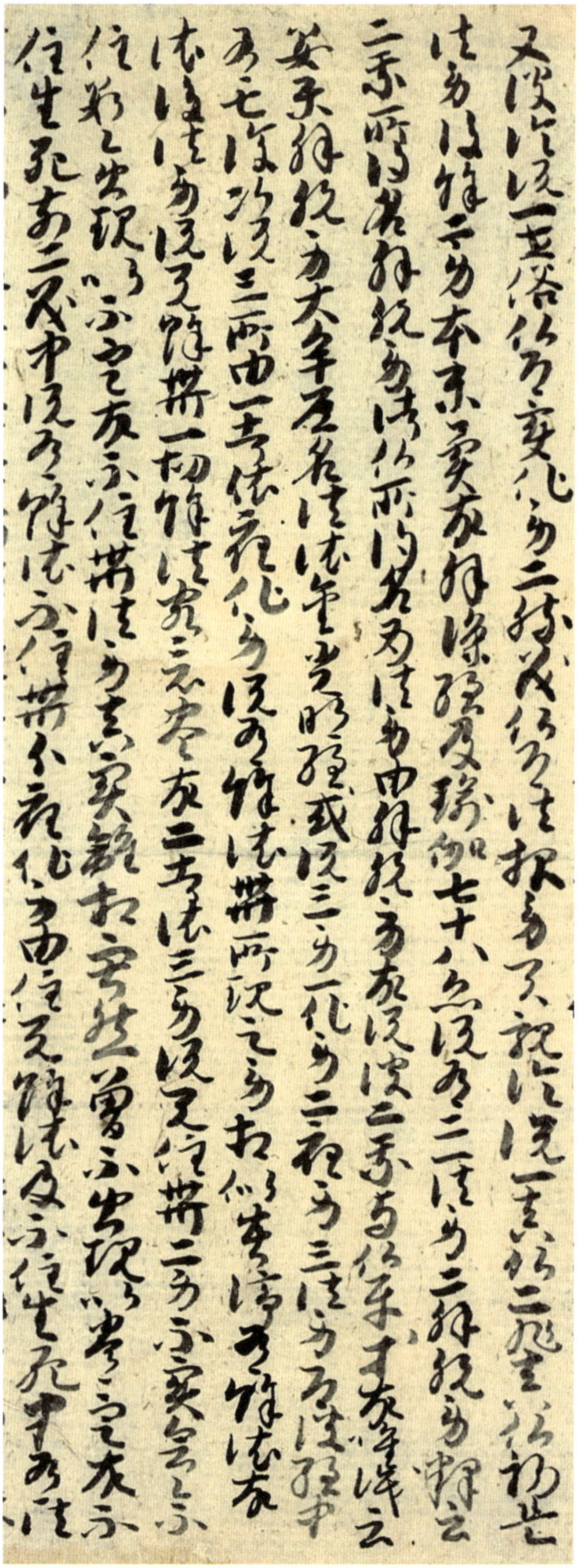

身，二解脱身。釋云：

二六六 二乘所得名解脱身，諸仏所得名爲法身，由解脱身故説彼二乘与仏平等。故

《唯識》云：

二六七 安樂解脱身，大牟尼名法。依《金光明經》或説三身：一化身，二應身，三法

身。即彼經中

二六八 有七，復次説三所由。一者依應化身説有餘依涅槃，所現之身相似苦諦，有餘

依故。

二六九 依後法身説无餘涅槃，一切餘法究竟盡故。二者依三身説无住涅槃，二身不

实，念念不

二七〇 住，數數出現，以不定故，不住涅槃，法身真实，離相寂然，曾不出現，以常

定故不

二七一 住生死。前二義中，説有餘依，不住涅槃，分應、化身，由住无餘依及不住生

死中，有法

二七二 如如，如如智二故亦分二，然彼功德但是法本，合名法身，此爲生類，顯[二]仏

非仏二相有殊，

二七三 德分爲應化云云。又仏有三德，謂斷德、智德、恩德，爲顯此三故説法、報及

化三身。无

二七四 著般若論說有四[二]種身：一色身与化身，二言說法身，即般若教，三智相至得

二七五 法身，即菩提智，四福相至得法身，餘施等果、餘定、餘善。彼論意說，由於

化身

二七六 聽聞言說[三]，法身因故，當成仏果，能生福、智二種法身。此三住處，即无相

理真如

二七七 法身，前因果身俱依此身方能證得，雖彼亦現[四]色身住處化身之體。經言不應

二七八 以諸相具足得見如來，遮破色身非仏真體。故此不說，不遮法報故應說三。

《楞伽

二七九 經》說四身：一應化仏，二功德仏，三智惠仏，四如如仏。初是化身，次二受

用身，福惠異故

校注

【一】「顯」，《大乘法苑義林章》卷七作「現」，見《大正藏》第四五册，第三六一頁。【二】「四」，《大乘法苑義林章》卷七作「三」，見《大正藏》第四五册，第三六二頁。【三】「言說」，《大乘法苑義林章》卷七作「言教」，見《大正藏》第四五册，第三六二頁。【四】「現」，《大乘法苑義林章》卷七作「說」，見《大正藏》第四五册，第三六二頁。

二八〇 分成二身，後是法身。《金光明經》亦說有四，有化身非應身。如來已般涅槃

以願自在

二八一 力故。如是之身即是化身。爲仏雖般涅槃，以願自在爲物所現龍、鬼等身，是

趣攝故

〔二八二〕非現仏身，名化非應，有應身非化身，是地前身即前應身，但爲地前諸菩薩

等。所現

〔二八三〕仏身依定而起，現仏形故非五趣攝，名應非化，四善根中所見大千應身仏也。

三亦

〔二八四〕應亦化，住有餘涅盤如來之身，謂爲二乘、卌心位所現仏身，現相脩成依三昧

起，現仏形

〔二八五〕相故名爲應。現入同類有諸苦等，亦名爲化。四非應非化身，是仏法身。觀此

經文，前

〔二八六〕三是化，後是法身及自受用，不説爲化十地菩薩他受用身，理亦定是應身非

化，由地

〔二八七〕前位四善根中所見，大千一主應身，非是趣攝[一]，是應非化，他[二]受用身亦此

句攝，舉初

校注

【一】「攝」，《大乘法苑義林章》卷七作「類」，見《大正藏》第四五册，第三六一頁。【二】「他」字爲旁邊補寫。

二八八 顯後略而不説云云。《花嚴經》明十種仏，《大般若經》亦説十仏。前約三身復得十地。具説

二八九 如彼。《花嚴》十身配三身，前五依世俗，後五依勝大般若。明十身約法身

者，最勝白言：世尊！

二九〇 仏菩薩身岂无差别？仏告最勝：身无差别，功德有異，以一切法同一法性，故

身无差别。

二九一 功德異故者，仏具功德菩薩不尔，譬如寶珠，若具庄飾不具庄飾，其珠无異，

二九二 應說譬喻，彼說所證，法身无别，能證功德，智身有異。故《楞伽經》一地即

十地，无相

二九三 有何次皆約法身，說也[一]化身即不尔，能證之身亦无差别，故般若十身皆法身

攝。

二九四 四本影[二]俱无者，即《中》《百》等論，般若等教[三]，一義不立，一向歸空。

故彼論云：若有所得空，

二九五 應當明所空，所空亦不可得，何况得於空。即清弁菩薩就勝義諦不立一切，約

世俗諦一切

校注

【一】「也」，或當作「業」。【二】「本影」，《法華經玄贊釋》作「質影」，見《卍續藏經》第九三册，第四九頁。【三】「教」，《法華經玄贊釋》作「經」，見《卍續藏經》第九三册，第五〇頁。

二九六 皆有，護法意説勝義諦中无言无説无戲論，故本影俱无。互无者，本影互无。

二九七 清弁約俗諦立有，約勝義諦説无，護法真俗本影皆不立，以諸法性言不及故。

二九八 又綺互解釋者，随彼兩文，即謂説不説，我更即和會，説我和會不説我義，不

二九九 說我和會說我義。龍軍等念手中藥，此即不說我和會說我也。親光含不
三〇〇 說法者，以諸仏等皆同說故，又法性離言故，故不說，其实說也。此即說我會
不說
三〇一 我。問：龍軍、親光皆云增上緣力，何故有說不說？解：龍軍即无說增上，親
光
三〇二 即有說增上。龍軍以如來本願緣力故[一]，衆生識上文義相[二]生。親光以衆生善
根
三〇三 力故，具如來識上文義相生。若廣釋者，龍軍等據自義而不說有三：一依真
理[三]
三〇四 體无分別故[四]，《金剛般若論》云：平等真法界，仏不度衆生。二依法同故不
說，謂三

校注

【一】「故」，《法華經玄贊釋》無，見《卍續藏經》第九三册，第五〇頁。【二】「相」，原作「想」，據《法華經玄贊釋》及三二〇行等改。見《卍續藏經》第九三册，第五〇頁。【三】「理」，《法華經玄贊釋經》下有「正」字，見《卍續藏經》第九三册，第五〇頁。【四】「故」，《法華經玄贊釋》下有「言不說」，見《卍續藏經》第九三册，第五〇頁。

三〇五 世諸仏説法共同，述而不作，更无別法可説也。三依執著故言不説，謂諸仏雖

三〇六 説種種法，而无執著文字戲論分別相也。若言如來説法，即爲謗仏。等如龍

吟雲起，虎嘯風生故。二親光云仏說法者，仏既有无漏色聲，由悲願力，令彼色聲有言說，故《涅槃》云：已說者如爪上土，未說者如大地土。如來妙色身，仏有威儀次弟，《大般若》六十五：世尊音聲，任運能遍三千世界。《仏地論》[一]：說者聽者俱以二事：一者善聲，二者善字。准此等文，即[二]說法也。又解說不說者，據理不說，據智說，據正體不說，約後得說，據法不說報化說，約體不說約用說等。又三身說不說四句分別，一一說二不說。法身无言，報身自受法樂，故不說化身化相說。二二說一不說，法身具報身悟名爲說應化非真仏亦非說法者故不說。三三身俱

校注

【一】「仏地論」，《法華經玄贊釋》作「十地論」，見《卍續藏經》第九三冊，第五一頁。【二】「即」，《法華經玄贊釋》作「知」，見《卍續藏經》第九三冊，第五一頁。

三四 說，法身具報身體解，故名說他受用身，爲登地已上菩薩說化身爲凡夫二乘

說。

三五 三三身俱不說，如前理思之。二兼正俱說者，正即護法，兼謂龍軍，如來識上

唯无漏是本質教，衆生所得是影像教，是仏无漏智悲説力起故，唯有如如及如如智、如如是法身，如如智是報身。菩薩八地及見道已去，即許轉六七二識所變相分聲名句文[一]等，名影像教也。以六七二識見分是无漏故，所變相分亦[二]无漏也。以唯識道理諸識起時，必自实相而緣，即能變爲見分，所變爲相分，見分既是无漏，相分亦无漏也。由見相分性類同故，即漏无漏也。若五識等有三釋：一云菩薩脩道中，後得智引眼等諸識得成无漏故，成事智亦得初地[三]。二云成仏方起，以十地中菩薩弟

校注

【一】「文」，《金剛暎卷上》無，見《大正藏》第八五册，第三七頁。【二】「亦」，《金剛暎卷上》作「必」，見《大正藏》第八五册，第三七頁。【三】「地」，《金剛暎卷上》作「起」，見《大正藏》第八五册，第三七頁。

三二 八識有漏性收所變相分等五尘，是有漏五識依異熟根，彼根是異熟識變非

三三 无漏故，依有漏根發无漏識，理不相應故。又《識論》云：善等識相不必皆

同，三性因緣

二二四 雜引生故，此約有漏法説見分識等，雖是其善所變相分，聲等是无記也。

二二五 《顯揚》十八云：色聲非善惡，随能發心有善惡，即大乘五尘皆唯无記，經部

亦尔[一]。薩

二二六 婆多宗色聲通善惡，餘三唯无記，以大乘用思爲業體故，色聲无記。薩宗以

二二七 色聲爲業體，通善惡。小乘聲界有漏，即薩宗言仏聲是有漏，雖通善惡，

二二八 名句文三，離聲实有，唯是无記。大乘仏聲，名等三法依聲假立，攝假歸实名

等

二二九 即聲故，唯是善。古譯經言衆生者，於三科法中有衆多法生名曰衆生。真諦

云：

二三〇 前生後生，生生不絶，名衆生。亦有衆死，但死滅无不言衆死。《雜心論中》

釋：經有五義，

校注

【一】「亦尔」，《金剛暎卷上》作「亦體」，見《大正藏》第八五册，第三八頁。

三二 謂出生、湧泉、顯示、繩墨、結鬘。今大乘解者，梵云素呾攬，此云契經。《瑜伽》廿五、《顯

三三 揚》弟六云：云何素呾攬，乃至略攝一切。契經者，契者契當至合之義，所言

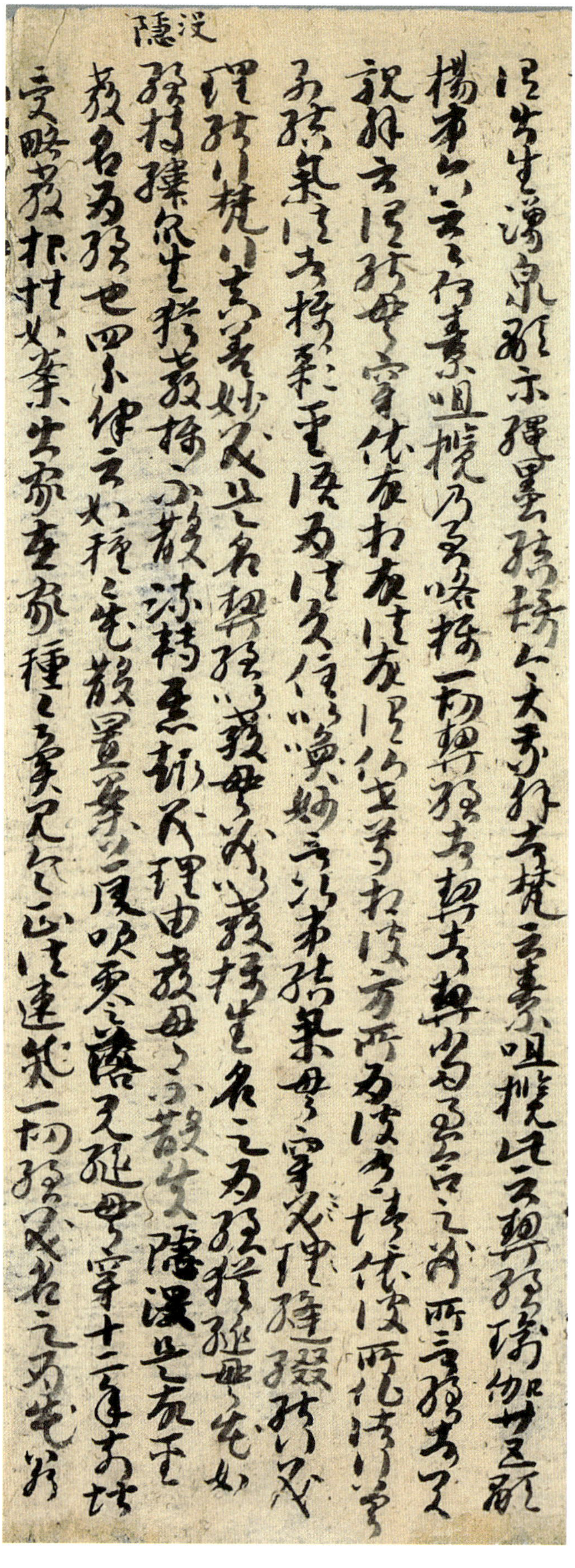

經者，天

三三 親解云：謂能貫穿依故、相故、法故。謂仏世尊，相彼方所爲彼有情，依彼所

化諸行差

三四 別，結集法者，攝彩[一]聖語爲法久住以喚妙[二]言次弟結集，貫穿縫綴能行義

三五 理[三]，能行梵行，真善妙義是名契經。以教貫義，以教攝生，名之爲經，猶綖

貫花，如

三六 没隱[四]經持縷[五]，衆生猶教攝，不散流轉惡趣，義理由教貫，不散失隱没，是

故聖

三七 教名爲經也。《四分律》云：如種種花散置案上，風吹零落无綖貫穿，十二年

前，堪

三八 受略教根性如案，出家在家種種異見，令正法速滅。一切經義名之爲花，若

校注

【一】「彩」，《大乘法苑義林章》卷二作「聚」，見《大正藏》第四五册，第三七三頁。【二】「喚妙」，《大乘法苑義林章》卷二作「美妙」，見《大正藏》第四五册，第三七三頁。【三】「義理」，《大乘法苑義林章》卷二作「義利」，見《大正藏》第四五册，第三七三頁。【四】「没隱」，書於欄外，或是提示語。【五】「縷」，《大乘法苑義林章》卷二作「緯」，見《大正藏》第四五册，第三七三頁。

三九

有經教貫於正理，人无異見法即不滅。《仏地》弟一云：能貫能攝故名爲經，

以

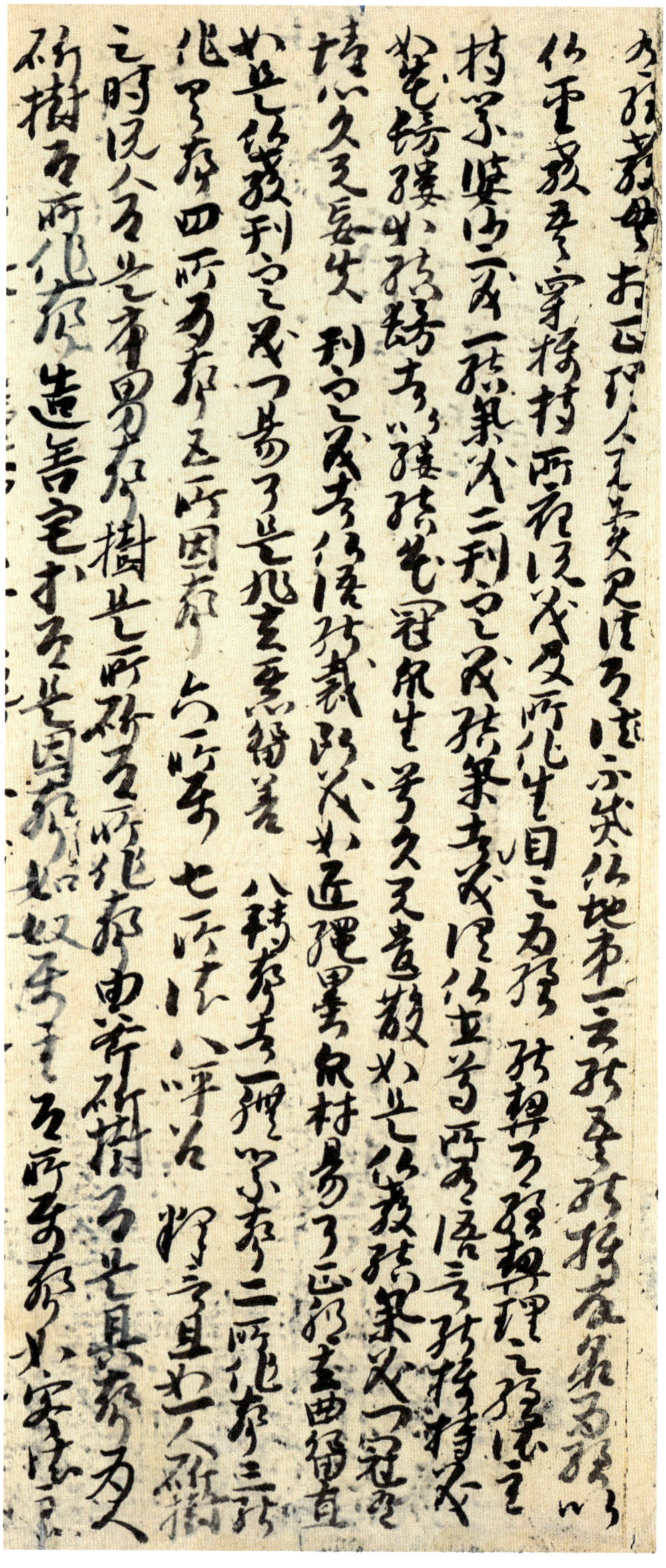

三四〇 仏聖教貫穿攝持，所應説義及所化生目之爲經，能契即經，契理之經，依主

三四一 持業。《婆沙》二義，一結集義，二刊定義。結集義者，謂仏世尊所有語言能

攝持義，

三四二 如花髮縷，如結髮者以縷結花，冠衆生首，久无遺散，如是仏教，結集義門，

冠有

三四三 情心久无妄[一]失。刊定義者，仏語能裁斷義，如匠繩墨衆材，易了正邪，去曲

留直。

三四四 如是仏教刊定義門，易了是非去惡留善。八轉聲者：一體業聲，二所作聲，三

能

三四五 作具聲，四所爲聲，五所因聲，六所屬，七所依，八呼召。釋言：且如一人斫

樹

三四六 之時，説人即是本男聲，樹是所斫即所作聲，由斧斫樹即是具聲，爲人

三四七 所樹即所作聲，造舍宅等即是因聲，如奴屬主即所屬聲，如客依主

校注

【一】「妄」，《大乘法苑義林章》卷二作「忘」，見《大正藏》第四五册，第三七三頁。

三四八 是所依聲，此有三種：一男、二女、三非男女。《瑜伽》且說男聲七種，若說八聲者

三四九 加呼召之聲，依聲明論者、西方五明者，一内明，二醫方明，三聲明，四工巧
明，
三五〇 五者因明。十二部經義略叙三門，餘如慈恩大章。一列名，二弁相，三問答
三五一 分別。列名者：一契經，二應頌，三記別，四諷頌，五自説，六緣起，七譬
喻，八本生，
三五二 九本事，十方廣，十一希法，十二論議。弟二弁相中，契經相者，《對法》十
一謂説以
三五三 長行綴緝所應説義，即諸經中長行。略説所應説義，名爲契經。八十一説与
三五四 《對法》同，謂貫穿義，長行直説，多分攝受意趣、體性。《瑜伽》廿五、
《顯揚》弟六
三五五 不説長行，但搃相云，仏於彼彼方所，爲彼彼有情，依彼行宣説无量蘊相應
三五六 語，乃至澄淨相應語。結集法者，攝彩聖言爲令正法得久住故，以妙名等

三五七 次弟安布，乃至廣說，真善妙語名爲契經。《涅槃》弟十五云：從如是我聞至

歡

三五八 喜奉行，如是一切名脩多羅。脩多羅義有揔别，揔者攝十二部盡，《涅槃》等
是，别者
三五九 唯攝長行略説所應説義，与所餘分相不同故，名爲别，各據一義亦不相違。
三六〇 應頌相者，《對法》等論同説，即諸經中或前或後以頌重頌，即後更頌前長行
義。
三六一 又云：不了義經應更頌釋，長行雖説義猶未盡，須更頌之，即爲二義故説應
頌。一者
三六二 爲益利根後來，二者爲顯前不了義，令聽法者解明浄故。《涅槃》唯有初与一
義，《成
三六三 实論》弟二品[一]言：或仏自説，或弟子説，欲令義理堅固不散，如繩貫花次弟
堅固。
三六四 又嚴飾詞令意樂故，又義入偈中則令要略易可解故，記别相者，《對法》云：
謂於

校注

【一】「品」，《大乘法苑義林章》卷二作「卷」，見《大正藏》第四五册，第三七六頁。

三六五 是處聖弟子等，謝往過去，記別得失，生處差別，此意[一]世尊記諸弟子未來

三六六 生事，記因果也。又了義經説名記別，記別開示深密意故。記者明也，別謂分

別，明記分

三六七 別深密之義，名爲記別。餘處所言不了義經名記別者，謂以少言略記別，故名

三六八 不了義，不據分明説密義也。《涅槃經》云：如來爲諸大人受記，汝阿逸多未
來有王名

三六九 爲懷佉，當於是世而得成仏名曰弥勒。摠以三義名記別也。一紀弟子死生因
果。

三七〇 二分明記別深密之義。三記諸菩薩成仏事。諷頌相者，《顯揚》等云：謂諸經
中非長行

三七一 重説，然以句結成，或以二句、三句、四句、五六句等並爲諷頌。《涅槃》
云：除脩多羅及諸戒律，

三七二 其餘有説四句之偈。諸惡者莫作等，是名伽陁經。此意説言，非長行直説，及
非因緣，

三七三 爲他以偈四句爲首，説諸法者名爲伽陁。以此涅槃亦有別相脩多羅，不尒此中
云

校注

【一】「意」，《大乘法苑義林章》卷二作「依」，見《大正藏》第四五册，第三七六頁。

三七四 仏[一]除之，唯有通相脩多羅故。少[二]句至二句无量，一切皆是，《涅槃》且舉

一頌指教，諸

三七五 論舉難，不滿頌者，故但至六，若唯一句則不成頌，此与長行難可別故，舉一

頌半

三七六 說言六句，五七皆得，小故不說。自說相者，《瑜伽》等云：謂於是中不顯請者，爲令當

三七七 來正法久住[三]，不請而說是名自說。《涅槃》云：如仏晡時入於禪定，乃至明旦從禪定起，

三七八 无有人問，以他心智即自說法，如是名優陁那經。問曰：何故請者无言不名請者說，

三七九 如來嘿然即許成答。答曰：請有二種，一心念，二口演，口演動業爲殷重故，所成請，但心

三八〇 念輕，即不名請。答亦有二，所謂語、嘿，但令生解即名爲答，不約輕重故不同問。又諸

三八一 經中仏知其念，即爲說法，故雖无言亦名爲請，要彰語重与其請名。緣起相者，八

校注

【一】「仏」，《大乘法苑義林章》卷二作「何」，見《大正藏》第四五冊，第三七六頁。【二】「少」，《大乘法苑義林章》卷二作「小」，見《大正藏》第四五冊，第三七六頁。【三】「正法久住」，《大乘法苑義林章》卷二下有「正教久住」，見《大正藏》第四五冊，第三七七頁。

三八二 下〔二〕十一說，謂有請而說，乃至如是。如是語，此具三義名爲因緣：一因請而說，二因犯制戒，

三八三 三因事說。《涅槃》云：如諸經偈所根本，舍衛国中有一丈夫羅網捕鳥，得已還放。世尊

三八四 知其本末因緣，而說偈言：莫輕小罪以爲无殃，水滴雖微盈大起[二]，是名尼陁那

三八五 經。此唯因事說法，故皆非具足，唯十八一義理圓滿。譬喻相者，《涅槃》云：如戒律中所有譬

三八六 喻，是名阿陁那經[三]。《對法》等言，謂諸經中有比況說，爲令本義得明淨故。《瑜伽》廿五云：

三八七 謂於是中有譬喻說，由譬喻故本義明淨，《對法》唯言經中譬喻，《涅槃》但言律中譬

三八八 喻，《瑜伽》摠說經律論譬喻，並此所攝本事相者，謂除本生，宣說前際諸所有事，除

三八九 仏本生，說餘一切前際之事，名爲本事。《對法》云：所謂宣說聖弟子等，前世相應事。

校注

【一】「下」，《大乘法苑義林章》卷二無，見《大正藏》第四五冊，第三七七頁。【二】「起」，《大乘法苑義林章》卷二作「器」，見《大正藏》第四五冊，第三七七頁。【三】「阿陁那經」，《大乘法苑義林章》卷二作「阿波陁那經」，見《大正藏》第四五冊，第三七七頁。

三九〇 《涅槃》云：如仏所説，比丘當知，我出世時，所有可[一]説者，名曰戒經[二]。鳩留秦仏説爲甘露鼓，

三九一 拘那含牟尼仏説爲法鏡，迦葉仏時説名分別空，是名伊帝曰多伽經。《對法》

但說

三九二 諸弟子事，以對本生是菩薩故，唯說人事，《涅槃》但往昔法事，《瑜伽》通說往昔一切，若人若法

三九三 若凡若聖，皆名本事。本生相者，《瑜伽》廿五、《顯揚》弟六說：謂於是中，宣說世尊在過去

三九四 世，彼彼方所若死若生，行菩薩行，行難行行，是名本生。《對法》云：所謂宣說諸菩薩行相應事。

三九五 《涅槃經》云：如仏本爲菩薩時，作鹿作羆作獐作兔乃至廣說，所可受身是名闍陁那[三]

三九六 經，《對法》但說住菩薩行，《涅槃》唯說住菩薩身，《瑜伽》通說菩薩，若身若行皆名本生。方廣相者，

校注

【一】「可」字是旁邊補寫。【二】「戒經」，《大乘法苑義林章》卷二作「契經」，見《大正藏》第四五冊，第三七七頁。【三】「那」，《大乘法苑義林章》卷二作「伽」，見《大正藏》第四五冊，第三七七頁。

三九七 謂説菩薩道，如説七地四菩薩及百廿[一]不共仏法，又復此法廣故多故極廣大
故，時長遠

三九八 故，此意言説菩薩道不共仏法二空之理，正包福惠，名爲方廣。唯在大乘不通

小教。

三九九 《涅槃》名爲毗仏略經，《對法》說言廣破，亦名无比。一切有情利益安樂所依處故，說名方廣，

四〇〇 皆深法故名爲方廣，皆破諸彰名爲廣破，无法比類名爲无比。《伽論》廿一，聲聞具十二。

四〇一 又《涅槃》弟三云：大乘有九，不遮小乘有其十二，故小乘中亦有方廣。此中正法名之爲方，

四〇二 亦可因果理正名之爲方，說四諦理極真正故，廣陳包含名之爲廣，故小乘有《法花》

四〇三 《瑜伽》等，但說大乘，《涅槃》通說，文最爲正。希法相者，《顯揚》弟六云：謂諸經中宣說諸仏及

四〇四 弟子八衆，所有共不共法，及餘最勝殊特驚異之法，是爲稀有法，此意說言。但說

校注

【一】「百廿」，《大乘法苑義林章》卷二作「百四十」，見《大正藏》第四五册，第三七七頁。

四〇五 功德及希奇事名爲希法。《涅槃經》言：菩薩初生即行七戒，放大光明遍照十
方，獼猴

四〇六 獻蜜，白狗聽法，魔變爲青牛行瓦鉢間，令相棠觸无一傷損，如仏初生入天

四〇七 中[一]，令彼天像起下礼敬，名未曾有。此說仏等殊特之事，名爲希法。《對法》云：若說聲

四〇八 聞，諸大菩薩及如來等最勝之法，但說聖者奇特之法不說所餘，不相違也。論議相者，八十

四〇九 一云：謂諸經典，循環研覈摩怛理迦，一切了義經皆名摩怛理迦，謂於是處世尊

四一〇 自廣分別法相。又聖弟子已見諦〔跡〕[二]，依自所證无倒分別諸法體性，此亦名爲摩怛

四一一 理迦，亦名阿毗達摩云云。弟四揔別名者，先釋揔名，後釋別名，先德翻爲十二

四一二 部經，含二義：一者部袟類，若言部袟即有所濫，老疰之徒今言部類言十二教義

校注

【一】「天中」，《大乘法苑義林章》卷二作「天廟中」，見《大正藏》第四五冊，第三七七頁。【二】「跡」，據《瑜伽師地論》卷八十一補，見《大正藏》第三〇冊，第七五三頁。

四三 類差別，分者類義、支義、數義、教義，十二義類支條分斷異故。即帶數釋
也。

四四 別名者，應重述頌可諷可頌，自陳之説待緣而起，稀有之法，方理之廣，此之
六

四一五 名並依主釋，論體即議此之一名，唯持業釋，若言契理之經，能契即經依主持
業。

四一六 二釋如次，記其因果差別之事，是依主釋，若言記識分別名爲記別，記即是
別，

四一七 是持業釋，若言譬者況也、喻也、曉也，曉喻之譬是依主釋。若言譬者類也，
喻者

四一八 況也，譬體即喻，是持業釋。若言本世之事、本世之生，名本事本生，並依出
體釋。

四一九 若本體即事，本體即生，是持業釋。此之五名並通二釋。問：此十二分體之与
教差

四二〇 別如何？答：有二差別，一體差別，二教差別。初體差別者，應頌之中定无諷
頌，諷頌

四二一 之中定无應頌。初後別故、單重別故，本事之中定无本生，本生之中定无本
事，

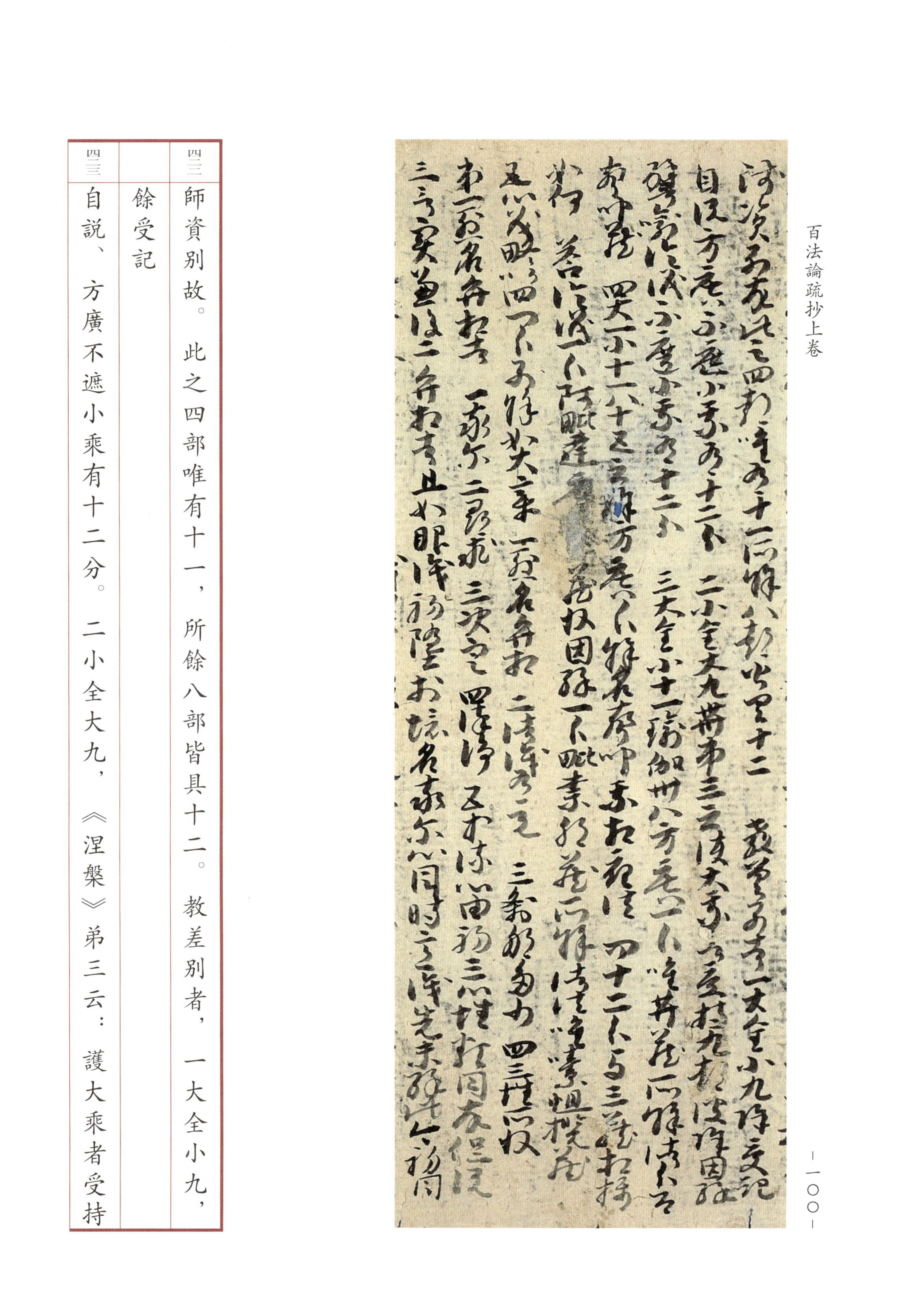

四二 師資別故。此之四部唯有十一，所餘八部皆具十二。教差別者，一大全小九，

餘受記

四三 自説、方廣不遮小乘有十二分。二小全大九，《涅槃》弟三云：護大乘者受持

九部，彼除因緣、

四二四 譬喻、論議，不遮小乘有十二分。三大全小十一，《瑜伽》卌八：方廣一分唯

菩薩藏，所餘諸分即

四二五 聲聞藏。四大一小十一，八十五云：除方廣分，餘名聲聞乘相應法。問：十二

分与三藏相攝

四二六 如何？答：論議一分阿毗達摩□藏收，因緣一分毗柰耶藏，所餘諸法唯素怛攬

藏。

四二七 五心義略以四門分別，餘如大章。一烈名弁相，二諸識有无，三刹那多少，四

三性所收。

四二八 弟一烈名弁相者，一率尔，二尋求，三决定，四染净，五等流心。由初三心性

類同故，但說

四二九 三言实兼後二。弁相者，且如眼識，初墮於境，名率尔心，同時意識先未緣

此，今初同

四三〇 起名率尔故。故《瑜伽》弟三云：意識任運散〔亂〕〔二〕，緣不串習境時，无欲等生，尔時意

四三一 識名率尔墮心，有欲生時尋求相攝故。又《解深密》及决釋七十六説云：五識同時

四二 必定有一分別意識俱時而轉，故眼俱意名率尔墮心，初本墮心境故，此既初緣，

四三 未知何境爲善爲惡，爲了知故，次起尋求，与欲俱轉，希望境故，既尋求已

四四 識知先境，次弟決定，印解境故，決定已識境界差別，取正因等相，於怨住惡，於

四五 親住善，於中住捨，染淨心生，由此染淨意識爲先，引生眼識同性善染，隨前面

四六 起，名等流心，如眼餘識亦尔。二諸識[二]有无者。《瑜伽》弟一云：但說六識有此五心，不說七八，有

四七 間斷識方具此五，非恒[三]續識耶，弟七識未轉變位，緣境恒[四]定任運微細，唯有後

校注

【一】「亂」，據《瑜伽師地論》卷三補，見《大正藏》第三〇冊，第二九〇頁。【二】「諸識」，《大乘法苑義林章》卷一作「八識」，見《大正藏》第四五冊，第三五六頁。【三】「恒」，原字似「憶」，據《大乘法苑義林章》卷一釋録，見《大正藏》第四五冊，第三五六頁。

【四】「恒」，原作「情」，據《大乘法苑義林章》卷一改，見《大正藏》第四五冊，第三五六頁。

四二八 三，一刹那中可具五故。弟八不尔，界初生位有率尔心，有色无色境寛狹故，决

四二九 定、染净、等流三心境有新麁，或前後相望可具足。故唯无尋求，无欲俱故，

同

四四〇 弟七識界雖初生，境恒一類，故无率尔尋求二心，初轉依位可名率尔，即是

四四一 決定染淨之心。弟二念後即是等流，二念義合説有四心，或弟二時更起淨識，初

四四二 念即是此之四心，是前所起心等流故。今創墮境有率尔故，此中且依論説六

四四三 識，七八道理所具五心【一】，理而言之弟六具七【二】，前之五識，因果合説可有五心，因

四四四 但有四尋求，見聞未了之間。五墮意轉亦有尋求，有希望故，因中五无弟

四四五 四染淨，自无勢力可引生故，果即具有有勢力故。有義，八地已上五識自在，前

四四六 後相引亦成染淨，許七八識前能引後爲染淨心，五何不尔，故知五識因亦具

校注

【一】「五心」，《大乘法苑義林章》卷一作「諸心」，見《大正藏》第四五册，第三五六頁。【二】「七」，《大乘法苑義林章》卷一作「五」，見《大正藏》第四五册，第三五六頁。

四四七 五。揔結之者，前六具五心，七八各四，此中有義五識唯二，但有率尔，及等流心，尋

四四八 求等中五墮生者，即等流心餘□生[一]故。今此且依顯勝法說，餘皆准知。《瑜
伽》云：
四四九 初三心中是五識，二是意識，又言染淨是意識，等流言五識者，且依於一中空
四五〇 无雜〔易〕[二]識境說，何因不許尋求不了數數尋求。《唯識》云：得自在位任
運決定
四五一 不假尋求，時五識身理必相續，故知五識具有五心。弟三刹那多少者，五
四五二 識率尔唯一刹那。五識生已，從此无間必意識生，尋求未了復起五識，此之
四五三 五識但是尋求，故五識身无多率尔，說五識身有尋求者，有廣尋求，
四五四 无尋伺者与欲俱故，亦有尋求，諸處所說五識无有決定尋求，无深廣
四五五 行相說之爲无，非无細者，若獨生意，若[三]俱意，率尔心位亦一刹那。《瑜
伽》弟一

校注

【一】「□生」，《大乘法苑義林章》卷一作「生亂」，見《大正藏》第四五册，第三五六頁。【二】「易」，據《大乘法苑義林章》卷一補，見《大正藏》第四五册，第三五六頁。【三】「若」，《大乘法苑義林章》卷一下有「五」，見《大正藏》第四五册，第三五六頁。

四五六 說前三心，初是五識，二是意識，弟三亦說意有率尔，雖復相違，以此〔二〕二心必是

四五七 意故，初一念中略不説意亦有率尔，既无唯字理亦不遮，云云。四三性所收者，《瑜

四五八 伽》云：初[二]心是无記，第四五通三性，此依因位中容无〔亂〕[三]境，五識中一与弟六識連

四五九 續生説，若在因位，境界强勝，諸識雜生並生五心，皆通三性所攝若已漏

四六〇 位及得自在，一切善性。問：何故唯五不增減耶？答：據極多分决定有五，極

四六一 少[四]有一非圓滿故。問：此五心通无漏不？答：五皆通。聞聲定心通无漏故，因无

四六二 漏心有希望故，或説尋伺通无漏故設不通无漏与欲俱故。此尋求心

四六三 亦通无漏。問：通三界不？答：通。无理遮故，一一心中亦緣三界，三界諸心別識類者，隨

校注

【一】「此」，《大乘法苑義林章》卷一作「次」，見《大正藏》第四五册，第三五六頁。【二】「初」，據《大乘法苑義林章》卷一補，見《大正藏》第四五册，第三五七頁。【三】「亂」，據《大乘法苑義林章》補，見《大正藏》第四五册，第三五七頁。【四】「少」，《大乘法苑義林章》卷一作「小」，見《大正藏》第四五册，第三五八頁。

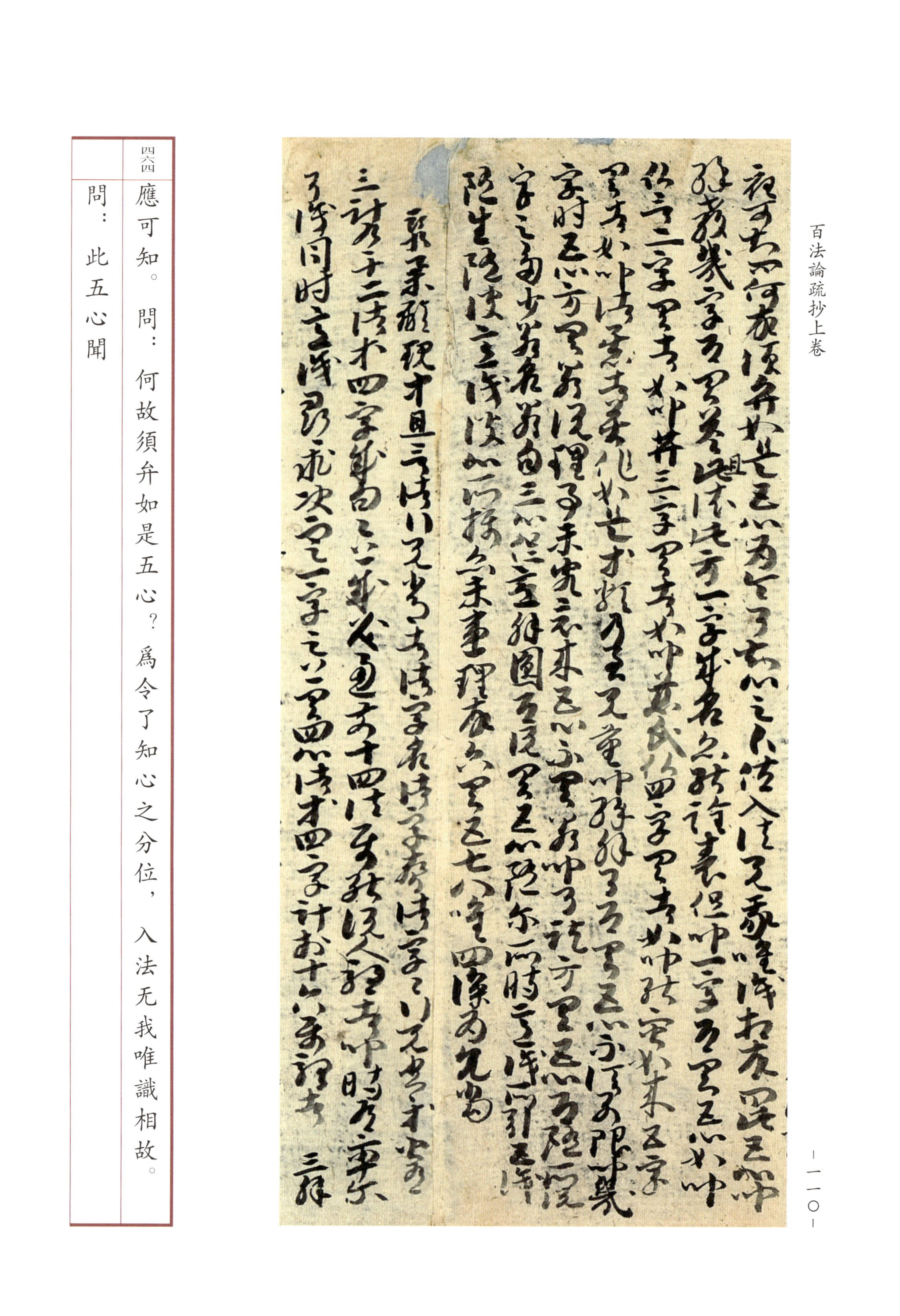

四六四 應可知。問：何故須弁如是五心？爲令了知心之分位，入法无我唯識相故。

問：此五心聞

四六五 緣教幾字即具？答：此且[一]依此方一字成名亦能詮表，但聞一字即具五心，如
聞
四六六 仏言，二字具者如聞菩薩，三字具者如聞慈氏仏，四字具者如聞能寂如來，五
字
四六七 具者如聞諸惡者莫作。如是等類乃至无量，聞緣解了即具五心。不須别限聞幾
四六八 字時五心方具，若說理事未究竟來五心不具，若聞了訖方具五心，即隨所說
四六九 字之多少若名若句三心，但意解圓即說具五心，隨尔所時意識所引五識
四七〇 隨生，隨彼意識彼心所攝，亦未違理。故六具五，七八唯四，深爲允當。
四七一 聚集顯現中且言諸行无常者，諸字名諸字聲諸字字，行无常等皆有
四七二 三，計有十二，諸等四字成句，句上成義，通前十四法屬能說人聽者，聞時
有，率尔
四七三 耳識同時意識，尋求決定，一字之上具四心，諸等四字計於十六屬聽者。三解

校注

【一】「且」字係旁邊補寫。

四七四

中，弟一率尔耳識同時意識，並是現量，尋求心是比量，尋現量故並

四七五 无名等，至决定心方緣過去得爲比量，名等便具得成教體，此十六心。弟二

四七六 云率尔耳識，唯現量同時意識，得緣假故名比量，爲在現量位中不成聚

四七七 采至尋求心乃成聚十二心。現量三義：一非顛倒，二非重緣，三非猶豫。

四七八 非重緣者，夢尋求等五識所引，尋求决定以重緣者，非現量攝。弟三中有

四七九 二解：一云率尔耳識，同時意識，並是現量，同時意識緣聲之時，聲中自合有

四八〇 名等，故爲在現量不成聚集，至尋求心方成聚集。亦十二心，一云率尔耳識

四八一 即是現量，同時意識即是比量，所以八心成聚集也。又海东測法師三解云：

四八二 一云諸行无三字各率尔尋求，故有六心，復之一字具有五心，故十一心成聚集

也。

四八三 一云諸字时有二心俱率尔耳識，耳識尋求，中間二字並是尋求，尋求二字復之

一字有

四八四 决定染淨等流，故七心中成聚集也。言復次由眼識生三心可得者，即《瑜伽》

弟

四八五

一云：五識身地中文也，由初三心性類同故，但說三言实兼後二，此即列名也。

四八六 初是眼識二在[一]意識者，約識分别也。此後乃有等流眼識，善不善轉者，此明
五

四八七 心生起次弟也。而彼不由自分别力者五識之作用相也。此意不趣餘境者，明

四八八 不□也。雖此三識所變聲上皆有名相，此解伏難也。意云耳意及尋求心所

四八九 实聲上皆有名句文相，如何不緣耶？答云理实應緣以現量心无容豫，故

四九〇 如生等相者□喻倒之等即等，最異滅相也。謂一刹那緣自相時，滅相過去

四九一 生相，未來住相合説即是現在。現量心中緣生等相理不可也。又生等

四九二 相是假現量，不緣假法故也。現量亦緣名等自相，而《理門論》説不緣者，此
解

四九三 伏難，若許現量緣名句文，何故《因明理門論》中言：現量不緣名等境也。

四九四 大唐三藏解云：彼云名者名句文，種者同異句。若依名種与所詮法，互

四九五 相繫屬爲所緣者，即非現量，若能緣名句文身所有自相，而不能緣彼相繫

校注

【一】「在」，《大乘法苑義林章》卷一作「是」，見《大正藏》第四五册，第三五五頁。

四九六 屬境，亦有現量，是故五識緣長等。假亦是現量，意識亦尒。緣名句文亦有現

四九七 量。問：依色立長等，長等是色處。名等依聲立，應是聲處收。解云：長等唯

依

四九八 色故是色處攝，名等依多處，故非聲處，故以諸仏世尊名等所依有多種

四九九 故。六句義者，一实，二德，三業，四大有，五同異，六和合。同異句者，由

此句義

五〇〇 令实、德、業有同異義，故此體者，唯用同異句，能令異等有同異義。

五〇一 十句義中釋同異，同俱體遍，实德及業同，有此故名曰同異。即唯在实

五〇二 上具实别異云，諸惡者莫作等。《對法》弟十五云：此頌約三斈，諸惡莫作

五〇三 是增上戒斈，諸善者奉行是增上心斈，善調伏自是增上恵斈。此唯識教

五〇四 約說，聽二徒以作行相。如何說者識上聚集，令聽法者聚集解生。《顯揚》十

二說：

五〇五 有字非文謂一字，有名非句謂一字，名句必有名字，名亦必有字，字不必有

五〇六 名，名不必有句。既大乘中於聲屈曲假說名等，故說名等，非小乘義，今

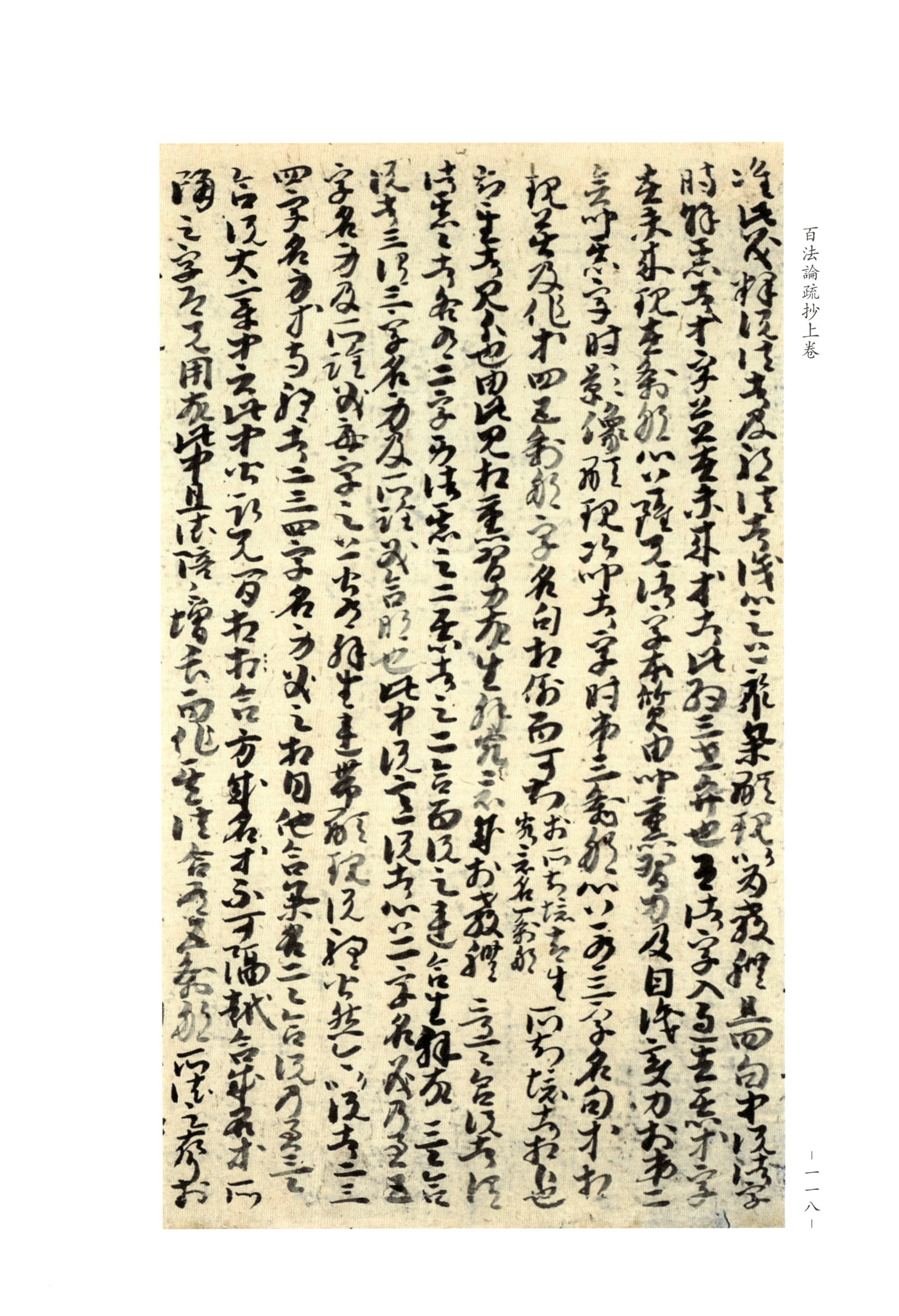

五〇七 准此義。釋說法者及聽法者，識心之上聚集顯現，以爲教體。且四句中說諸字

五〇八 時，餘惡者等字並在未來等者。此約三世弁也，即諸字入過去惡，等字

五〇九 在未來現在刹那心上，雖无諸字本質，由聞熏習力及自識變力，於弟二

五一〇 念聞惡字時影像顯現，次聞者字時，弟三刹那心上，有三字名句等相

五一一 現，莫及作等四五刹那字名句相倒而可知，於所知境智生究竟名一刹那。所知

境者相分也，

五一二 智生者見分也。由此見相熏習力，故生解究竟成於教體。言一一合說者，謂

五一三 諸惡、惡者，各有二字身，諸惡之二、惡者之二合而說之，違合生緣故三三合

五一四 說者。三謂三字名身及所詮義，合明也。此中說意說者，心上一字名義乃至五

五一五 字，名身即所詮義，每字之上皆有緣生，連帶顯現說聽皆然，令以說者二三

五一六 四字名身等与聽者，二三四字名身義之相，自他合集名二二合說，乃至三三

五一七 合說。大章中云：此中皆取无間相合方成名等，不可隔越合成，名等所

五一八 隔之字，即无用故，此中且依倍倍增長而作其法。合有五刹那所依之聲，於

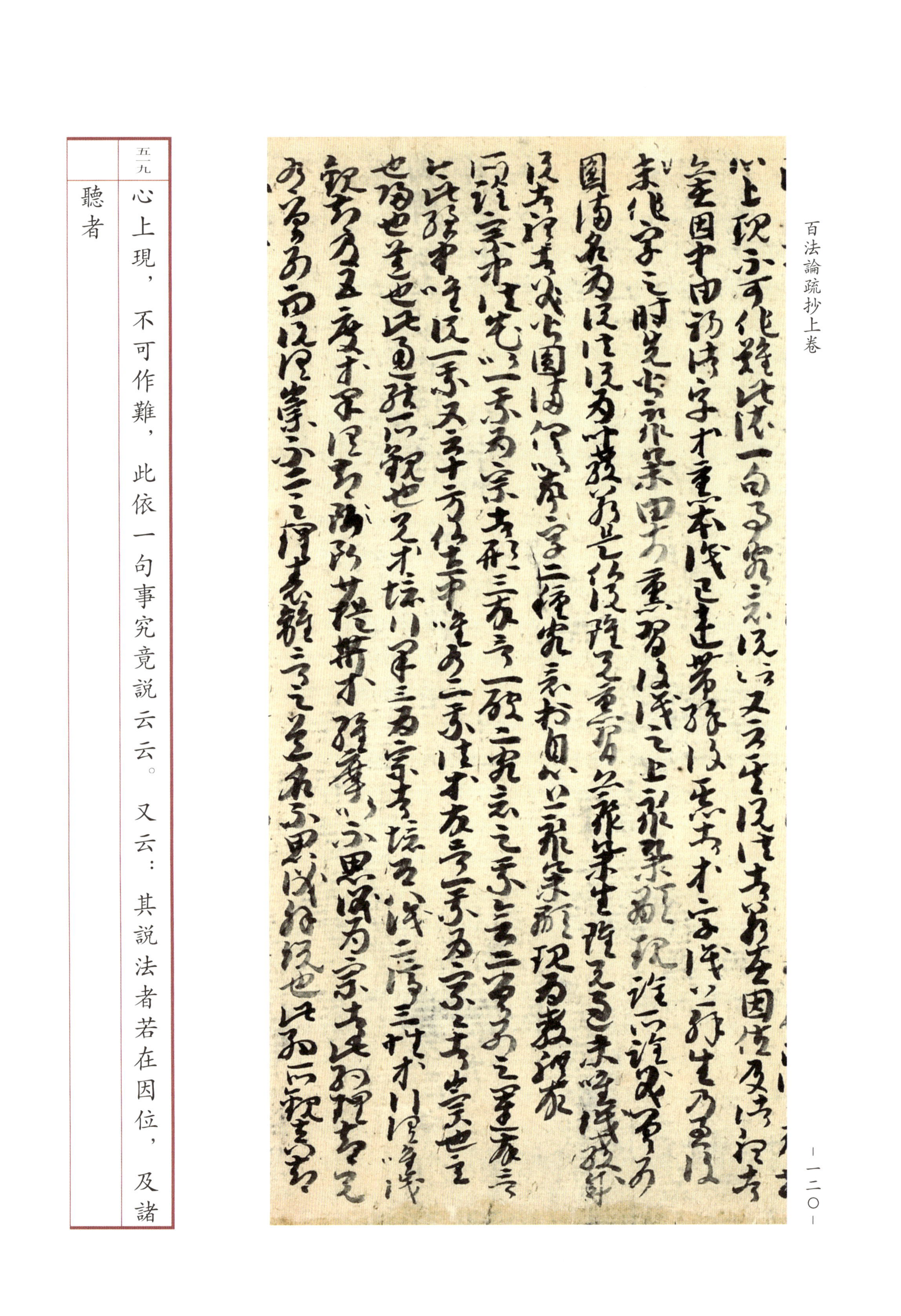

五一九

心上現，不可作難，此依一句事究竟説云云。又云：其説法者若在因位，及諸聽者

五二〇 亦在因中。由初諸字等熏本識已，連帶緣後惡者等字，識上解生，乃至未

五二一 後作字之時，先皆聚集，由前熏習後識之上聚集顯現，詮所詮義差别

五二二 圓滿，名爲説法，説爲聞教。若是仏説，雖无熏習亦聚集生，雖无過未唯識教

成〔立〕[一]，

五二三 説者、聽者義皆圓滿，俱以聲、字二種，究竟於自心上聚集顯現，爲教體故。

五二四 所詮宗中，《法花》以一乘爲宗者形三，故言一破二，究竟之乘念二差别之

運，故言：

五二五 今此經中唯説一乘。又云：十方仏土中唯有二乘法等，故言一乘爲宗。宗者崇

也、主

五二六 也、歸也、道也，此通能所觀也。无等境行果三爲宗者，境即八識二諦三性

等，行謂唯識

五二七 觀智乃五度等，果謂智斷菩提涅槃等。《維摩》以不思識爲宗者，此約理智无

五二八 有差别，而説謂宗，不二之理表離言之道名不思議解説也，此約所觀真智

校注

〔一〕「立」，據《大乘法苑義林章》卷一補，見《大正藏》第四五册，第三五四頁。

五二九 境説，《花嚴》以卌二賢聖者，地前卌心，地上十地菩薩等妙二位爲卌二也，

此亦通於能所

五三〇 觀真俗境觀説也，正智唯加行後得並通真俗，《法花》亦同。《涅槃》唯約法

身之因說
五三一 名仏性。二有法无我宗者，此部立法有體性，故謂一切法若无不可說，生若有不
五三二 可說滅，並於三世中說未來流至現在，從現流入過去，過去有體用，現在有體用，
五三三 未來有體而未有用，至現在時色有質㝵，用心於有緣慮用，非色心體性
五三四 非无，故名一切性。此宗[一]意說此五聚法並離〔識之〕[二]外，條然有性，不立假法。故《俱舍》云：
五三五 三实[三]有由說，三有境果故。說三实有故，許說一切有。釋曰：三世实有謂世
五三六 尊說比丘當知，若過去色非有，不應多聞聖弟子衆，於過去色勤求[四]猒捨。
五三七 若未來色非有，不應勤斷等。又具三[五]緣識方生故，謂眼及色，廣說乃至意及

校注

【一】「宗」字是旁邊補寫。【二】「識之」，據《法華經玄贊要集》卷五補，見《卍續藏經》第五三册，第五三四頁。【三】「三实」，《阿毗達磨俱舍論》卷二十作「三世」，見《大正藏》第二九册，第一〇四頁。【四】「求」，《阿毗達磨俱舍論》卷二十作「修」，見《大正藏》第二九册，第一〇四頁。【五】「三」，《阿毗達磨俱舍論》卷二十作「二」，見《大正藏》第二九册，第一〇四頁。

五三八 法，若未來世非实有者，能緣彼識應闕二緣，上依聖教，今依正理，證有去來，

五三九 以識起時必有境故，謂義有境，識乃得生。若未來世境體实无，是即應有无所

五四〇 緣識，所緣无故識亦應无。又已謝業有當果故，若无過去法者[一]，善惡二業當

五四一 果應无，非果生時有因現在。若說三世有，方是說一切有宗，云云。尊者世親

言：由

五四二 位不同，三世有異，如彼諸法行於世時，至位位中作異異說，由位有别非體有

異，

五四三 如運一籌，置一名一、置百名百等。此以作用位有差别，由位不同三世有異，

彼謂

五四四 諸法作用未有名爲未來，有作用時名爲現在，作用以[二]滅名爲過去，非體有

殊，云云。

五四五 一我法俱有者，仏在之曰：犢子外道之所執也，雖即已成羅漢，却談未發心之

時所

校注

【一】「法者」，《阿毗達磨俱舍論》卷二十作「體者」，見《大正藏》第二九册，第一〇四頁。【二】「以」，《阿毗達磨俱舍論》卷二十作「已」，見《大正藏》第二九册，第一〇四頁。

五四六

計。即《唯識》云：三者執我与蘊等性非即非離，非即者、不一非離者，不異

无別體故

五四七 非異義差別故非一。問：既成羅漢如何有我？答：義有二種，一流汗我，二者

淨心

五四八 我，此即淨我。法執所攝故不同也。四現通假實宗者，意云蘊法是实非苦。

五四九 釋云：苦者逼迫義，蘊體非逼迫，故苦非蘊。宗輪云：諸行相待假立苦，故色

五五〇 等諸法有義名苦，其实非苦，如无間業體实非苦所感，諸蘊有苦，故相合名

五五一 爲苦，其蘊體非苦者，生滅等法並非行苦，其蘊上業皆实有也。又云：十二

五五二 處非真实，以依積聚緣上積聚，積聚之法皆是假，故雖積聚義以釋於蘊體，蘊

體

五五三 非假无依緣故，現在之識不名爲意入，過去時方名意處，依止義成然非現

五五四 在亦非实有。問[一]：十八界等假实若爲，亦有依緣積聚義故？答：彼实有體

五五五 體不積聚，故如蘊皆实處即積聚，由體積聚，故是假矣。龍樹《智度

五五六 論》等南宗，即宋部都於河南，地連荆楚，北即北齊。《智度論》等以諸部般

校注

【一】「問」，原作「同」，據文義改。

五五七 若而爲了義，清弁等輔之，故《中論》龍樹破滅相云：若法是有者，是即无有

五五八 滅。不應一法中，而有有无相。若法是无者，是亦无有滅。譬如弟二頭，无故

不

五五九 可斷。又云：果爲從緣生，而從非緣生。是緣爲有果，是緣爲无果。果[一]先於

緣中，

五六〇 有无俱不可，立法若[二]，先无爲誰緣，先有何用緣。故依此義，三性揔

亡。《掌

五六一 珎》云：真性有爲空，如幻緣生故。无爲无有实，不起似空花[三]。初二句破依

他，後二

五六二 句破圓成不立二諦，其遍計性兩宗許无體相，故此不言。釋云：真性是

五六三 有法，有爲空是法，此即法及有法，和合爲宗，如幻者喻也。緣生者因也，

此破

五六四 依他，无爲是有法，无有实是法，不起者因也，似空花者喻也。此破圓成

五六五 護法等北宗中道義。弁中邊偈云：虛妄分別有，於此二都无。此中唯有空，於

校注

【一】「果」，據《中論》補，見《大正藏》第三〇冊，第二頁。【二】「立法若」，《中論》卷一無此句，見《大正藏》第三〇冊，第二頁。

【三】「花」，《大乘掌珍論》卷一作「華」，見《大正藏》第三〇冊，第二六八頁。

五六六		五六七
彼亦有此。故説一切法，非空非不空。有无及有故，是則契中道。釋曰：虛妄	分	別有者，即是三界虛妄識心也，即能分別鏡，別境故能起執故。即現行識等揔

名

五六八 分別，虛妄分別爲自性故，此即染分依他有此執也，於此二都无者，此依他上

无能

五六九 取所取，我法二執即遍計所執无也。此中唯有虛者，此依他中唯有空性真如，

真如依空

五七〇 門顯，故名爲空也。即明有圓成性矣。於彼亦有此者，彼空性中亦有此依他虛

妄

五七一 分別謂法性不相離故，故説一切法者，即有爲无爲，此二種攝法盡故，有爲即

虛妄

五七二 分別，无爲即性空之理也。非空非不空者，依圓有故非空，遍計无故非不空

也。

五七三 有无及有故者，有謂虛妄分別有故，无謂二取我法无故，及有者，謂於妄分別

五七四 中有真空故，於真空中亦有妄分別故。此中應有三，有字結頌之：法有略言，

故

五七五 是即契中道，謂非有非无之理也。此中南北兩家互説有无，且北宗説有，南宗説空，或謂言有異空，言空異有。今謂北宗言有者，有彼依圓。南宗言空者，空於自性。南宗自性不謂，依他是空。北宗依他不謂自性爲有，是則空還是有，有故是空，若有若空皆是假名，非空非有是爲中道。四百年後八百年來，諸衆生等，著有非空不達无相。時有菩薩名爲龍樹出〔興〕[一]於世。初時同伴摠有四人，唯龍樹天聰事不再告。在乳餔[二]之中聞法，梵志誦韋陁典各四万偈，偈卅二字，皆諷其文，而領其義。弱冠馳名，獨步諸國。天文地理及諸道術，无不該綜。其友三人亦是一時之傑，相与議曰：天下義理可以開神明悟深旨者，吾未悉知之矣，不若恣極情欲最爲一生之樂。遂至術師之家求隱身之法。術師念曰：此四人

校注

【一】「興」，據《金剛暎卷上》卷一補，見《大正藏》第八五册，第六五頁。

【二】「餔」，原作「捕」，據《金剛暎卷上》卷一改，見《大正藏》第八五册，第六五頁。

五八四 者擅名一代，草介羣生，今以賤術屈辱就我，今[二]若与之，即不復來也。且与

其藥

五八五 而祕其方，便而用之不知其味，即永以我爲師也。遂各与青藥一丸而
五八六 告之曰：汝可於静處以水摩之，用塗眼瞼，汝形即隱，世莫[二]能見。龍樹摩
五八七 藥，聞其藥氣，即皆識之，數分多少，還告師曰：向所得藥有七十種，分
五八八 數多少，皆如其方。師聞驚歎：何以知之？答曰：藥必有氣，如何不知？師
曰：若
五八九 斯人者，聞之尚難，況得遇會，我之賤術何足惜之？乃与其方。四人得之，縱
意
五九〇 自在，隱身入宫。數月之後，宫女有娠。王遂問臣，臣曰：請於宫門置以細
灰，若
五九一 有足跡即是妖人，若无足跡即是鬼媚。鬼媚可以呪力遣之，妖人可以利劔除
之。王
五九二 如其言，果有人跡。王令壯士揮刀遍宫亂斫，餘之三人无知，並被刀損。唯龍

校注

【一】「今」，原本與「令」混，據《金剛暎卷上》改，見《大正藏》第八五册，第六五頁。【二】「世莫」，《金剛暎卷上》作「世尊」，見《大正藏》第八五册，第六五頁。

五九三 樹有智，密隨王後一步之内，免被損傷。即便發心出家，入於深山。經〔二〕九十日中，

五九四 傖閑〔三〕三藏，自号一切智人。西方諸寺例有三門，兩邊門者比丘出入，其中門者唯

五九五 仏[三]往來，自仏滅後中門常閇。龍樹自以具一切智，開門出入，因被神打，悶
絶而死，
五九六 久乃得穌。遂往石室。於彼不久，恐門人恠，變石室皆作瑠璃。仍謂解仏法揔
五九七 盡。龍王知已，化作僧人，即請龍樹就家供養。既至龍宮，於九十日讀釋
五九八 迦所説經教目録不盡，龍王更引示過去三世仏經藏，龍樹莫側崖際。
五九九 龍王曰：今我宮内信分无一，帝釋宮中有過〔去〕[四]七仏經藏，數若尘沙。龍
樹深
六〇〇 生慚愧，摧我慢心，造《智度論》《中》《百》《十二門論》等。更有餘義，
恐繁不述。
六〇一 鳩摩羅什，此云童壽，後秦姚興時至長安。什，天竺人也，家世国相。什祖
六〇二 父達多，倜儻不羣名重於国。父鳩摩羅炎，聽惠有懿節，將嗣国相，乃辭

校注

【一】「經」，《金剛暎卷上》作「隱」，見《大正藏》第八五册，第六五頁。【二】「閑」，《金剛暎卷上》作「用」，見《大正藏》第八五册，第六五頁。【三】「仏」，《金剛暎卷上》作「以」，見《大正藏》第八五册，第六五頁。【四】「去」，原本無，據《金剛暎卷上》補，見《大正藏》第八五册，第六五頁。

六〇三 出家。未度葱嶺，龜兹王聞其弃榮出，敬羡之，自出郊迎，請爲国師。王有

六〇四 妹，年始廿，才識明敏，過目必能，一聞即誦，體有赤黶，法生智子。諸国娉

之，並而不

六〇五 許。及見炎，欲尚之。王聞大喜，逼炎妻之，遂生什。什之在胎，其母惠解倍
常，往

六〇六 寺誦經，忽自通天竺語，衆咸歎異。有羅漢記之，必懷智子，以舍利弗之事證
之。

六〇七 既而生什，岐嶷若神。什生之後，還忘前語。頃之其母出家，遂證初果。什年
七

六〇八 歲出家，口授日誦千偈，偈有卅二字，凡三万二千言。誦《阿毗曇》，師授其
義，即自通

六〇九 解，无幽不暢。時国以其母王女，利養皆多，乃携什避之。什年九歲，至罽賓
国，遇

六一〇 師受業。其師即罽賓王之從弟也，亦日誦千偈。什誦雜藏中《長阿含》凡四百
万言。

六一一 其師与什論義，推服之。聲徹於王，王即請入，集外道諸師率共攻難，輕其幼
稚，

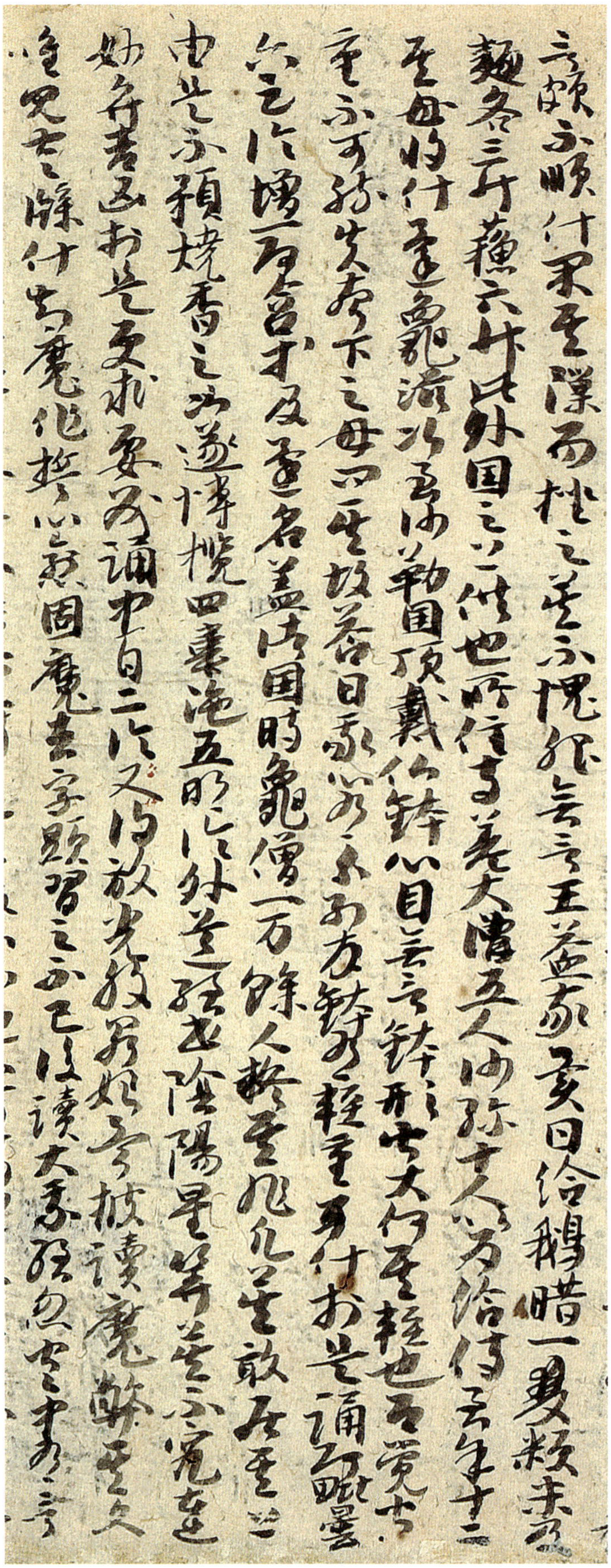

六二 言頗不順。什乘[一]其隙而挫之，莫不愧服無言。王益敬異，日給鵝腊一雙，粳

米及

六三 麵各三升，蘸六升，此外国之上供也。所住寺，差大僧五人沙弥十人，以爲給

侍。至年十二，

六四 其母將什還龜兹[二]，次至沙勒国，頂戴仏鉢，心自[三]念[四]言：鉢形皆大，何其

輕也？即覺皆重不可勝，失聲下之。母問其故，答曰：我心有分別，故鉢有輕重耳。什於是誦《阿毗曇》《六足論》《增一阿含》等，及還，名盖諸国。時龜僧一万餘人，疑其非凡，莫敢居其上，由是不預燒香之次，遂博攬四韋陁《五明論》。外道經書陰陽星筭，莫不究達，妙弁吉凶，於是更求要義，誦《中》《百》二論。又得《放光般若》，始欲披讀，魔弊其文，唯見空牒。什知魔作，誓心愈固，魔去字顯，習之不已。後讀大乘經，忽空中有言：

校注

【一】「乘」，原本作「果」，據《高僧传》卷二改，見《大正藏》第五〇册，第三三〇頁。【二】「兹」，原作「滋」，據六〇三行、六二七行等及《高僧傳》卷二改，見《大正藏》第五〇册，第三三〇頁。【三】「自」，原似「目」，據《高僧传》卷二録，見《大正藏》第五〇册，第三三〇頁。

【四】「念」，原似「無」，據《高僧传》卷二録，見《大正藏》第五〇册，第三三〇頁。又見《金刚暎卷上》，《大正藏》第八五册，第六五頁。

六二〇 汝是智人，何以讀此。什曰：汝是小魔，宜時遠去。我心如地，不可轉也。後

往其師，所説

六二一 一乘妙義，師感悟心服，即礼什爲師。言：我是和上小乘師，和上是我大乘

師。欲西域

六二二 法師服其神儁，每至講下〔二〕説，諸王長跪高坐之側，令什踐其膝以登坐。什道

震西域，聲被東国。苻氏建元十二年丁丑之歲正月，太史奏曰：有星見外国分野，當有大智人入輔中国。堅素聞什名，心常高之，故遣其將呂光西伐，謂光曰：帝王應天而治，以子愛蒼生爲本，豈貪其土地而伐之，正以懷道之人故也。賢哲国之大寶，卿宜必得什還。光軍未至，什謂其王帛純曰：小国運衰矣，當有日下人來，其鋒不可當，勿抗之。純不從而戰，敗績，光破龜兹煞純得什，以其年少不甚珎之。乃妻以龜兹[二]王女，什拒而不受。辭理甚切。光曰道士之賢不踰光父，乃問之以密

校注

【一】「下」，似爲衍文，《金刚暎卷上》即無，見《大正藏》第八五册，第六六頁。【二】「兹」，原作「滋」，據前一行文字改。

六二九 室，飲之醇酒，什被逼既納之。初，其母誡之曰：汝若不毀[一]淨戒，當作辟支
仏。至是什
六三〇 歎言：今遭此人，豈非緣也。光聞苻氏已斃，有欲留之意。什曰：此凶亡之
地，不可居也，

六三一　宜還東，中路自有福地。遂還。光既至凉州，飲之以醇酒，令倒騎牛上，坂以
捶

六三二　撾之，或令乘惡馬，鞭之使落，或裸其形染其頭，無〔理〕[二]戲之。什怡[三]然
自若，曾無

六三三　異色，光慚而止。至龍朔二年，張掖盧水人沮渠南城及從弟蒙遜反，推建康

六三四　太守段業爲主。光令其子太原公纂，率衆五万討之。光以問什，什曰：今觀此
行，未見

六三五　其利，宜且止之。光不從，既而纂遂敗績，僅以身免。光中書監張資文雅之
事[四]

六三六　也，寢疾弥篤，有外国道人羅叉云：我能治之。光喜，給賜甚豊，什謂資曰：
叉不能

六三七　差疾耳。乃以五色丝作繩結，燒爲灰投水中，灰若出水還爲繩者，病不可愈。

校注

【一】「毀」字是旁邊補寫。【二】「理」，原無，據《金剛錍卷上》補，見《大正藏》第八五册，第六六頁。【三】「怡」字是旁邊補寫。

【四】「事」，《金剛錍卷上》作「士」，見《大正藏》第八五册，第六六頁。

六三八 須臾，灰翻浮出復繩。又治無劾，少日資亡。光斃，子纂襲僞位。有猪生子，一身

六三九 三頭，龍出東廟井中，殿前蟠卧，比日一[一]失之，纂以[二]爲美，号爲龍翔殿。又有龍升於

六四〇 當陽九宫門，纂改爲龍興門。什奏曰：潛龍出遊，豕妖表異，必有下人謀上之

心，宜

六四一 尅己脩德，以答天譴。纂不納，与什博戲煞。纂曰：斫胡奴頭。什答曰：人不能斫胡奴

六四二 頭，胡奴將斫人頭。此言有意，終不能寤。後纂從弟超，小名胡奴，果斬纂頭。言未

六四三 然之事，皆此類也。至弘始三年，姚興遣使迎什至長安，待以国师之礼。乃考據先所

六四四 譯[三]經与梵本不同者，皆正之，云云。什嘗歎曰：吾若著大乘論，非迦旃延之比也。今在此

六四五 地深識〔者〕[四]寡，折翮於秦耳。然而爲人神映徹傲岸出羣，亦任性縱誕不以小節

校注

【一】「日一」，《金刚暎卷上》作「且」，見《大正藏》第八五册，第六六頁。【二】「纂以」，原作「以纂」，據《金刚暎卷上》改，見《大正藏》第八五册，第六六頁。【三】「譯」，原似「課」，據《金刚暎卷上》改，見《大正藏》第八五册，第六六頁。【四】「者」，《金刚暎卷上》無，見《大正藏》第八五册，第六六頁。

六四六 自拘，脩行者頗復非之，什自得於心不以介慮。然其性仁厚，汎愛爲心，虚己

善誘終

六四七 忘倦。又坏度比丘在彭城聞什居長安，乃歎曰：吾与此子戲別三百餘年，杳然

未

六四八 期有遇於來生耳。什臨終力疾曰：因法相遇，未盡伊心，方趣異世，惻愴何
言。自
六四九 以闇昧謬充傳譯，若所譯不虛，焚身之後，以舌不燋爛爲驗也。既卒於長安，
依外
六五〇 国法於逍遥園以火焚之。薪滅形化，唯舌不變耳[一]。南魏元武都洛陽，即
六五一 菩提流支三藏當此時傳譯也。北印度人，遍通三藏，妙入揔持，志在弘法廣流
視聽，
六五二 以魏宣帝永平元年至洛陽。帝親慰勞，住永寧寺，供給七百梵僧。以流支爲
六五三 譯匠，帝親筆受。菩提流支。此云覺希。一時教者，謂仏无分別心、悲願力
故，住
六五四 起化都无作用。故《花嚴》云：譬如深山有響（響），隨有音聲皆響（響）
應。雖[二]隨逐他言語，

校注

【一】五七八行至六五〇行，與《金剛暎卷上》文字基本相同。【二】「雖」，《大方廣佛華嚴經》下有「能」，見《大正藏》第一〇冊，第二七〇頁。

六五五 而嚮（響）必竟无分別。十力言音亦復然，隨其根熟爲示現。令其調伏生歡

喜，不念

六五六 我今在[二]演説，云云。又如天樂无情无分別，隨順諸天所示聞，亦如未尼无

心，念而能

六五七 普滿諸衆生。隨何時處者，時謂時分利益之時，此生此時應得利益；處謂處

六五八 所，應利益處，能化所化應必化故。時則約心，處則約色。摩尼者，正云末

尼。末

六五九 謂末羅，此云垢也，尼云離也。言此寶光净不爲垢穢所染也。又末尼者，此云

增長，

六六〇 有此寶處必增長其威德。翻爲如意珠者，逐義釋也。此明仏无心而應物[三]施化

六六一 也。謂如月影隨水緣現者，月則本質也，影即影像也。面亦本質也，像逐鏡生

亦

六六二 即影也。《涅槃》云：猶如照鏡，面有好惡，本面未曾差別，即本質之教无分

別，故鏡

校注

【二】「在」，《大方廣佛華嚴經》作「能」，見《大正藏》第一〇册，第二七〇頁。【三】「物」，原作「惣」，據文義改。《大乘密嚴經》卷三：應物而變化。《法華文句記》卷二：應物施設。

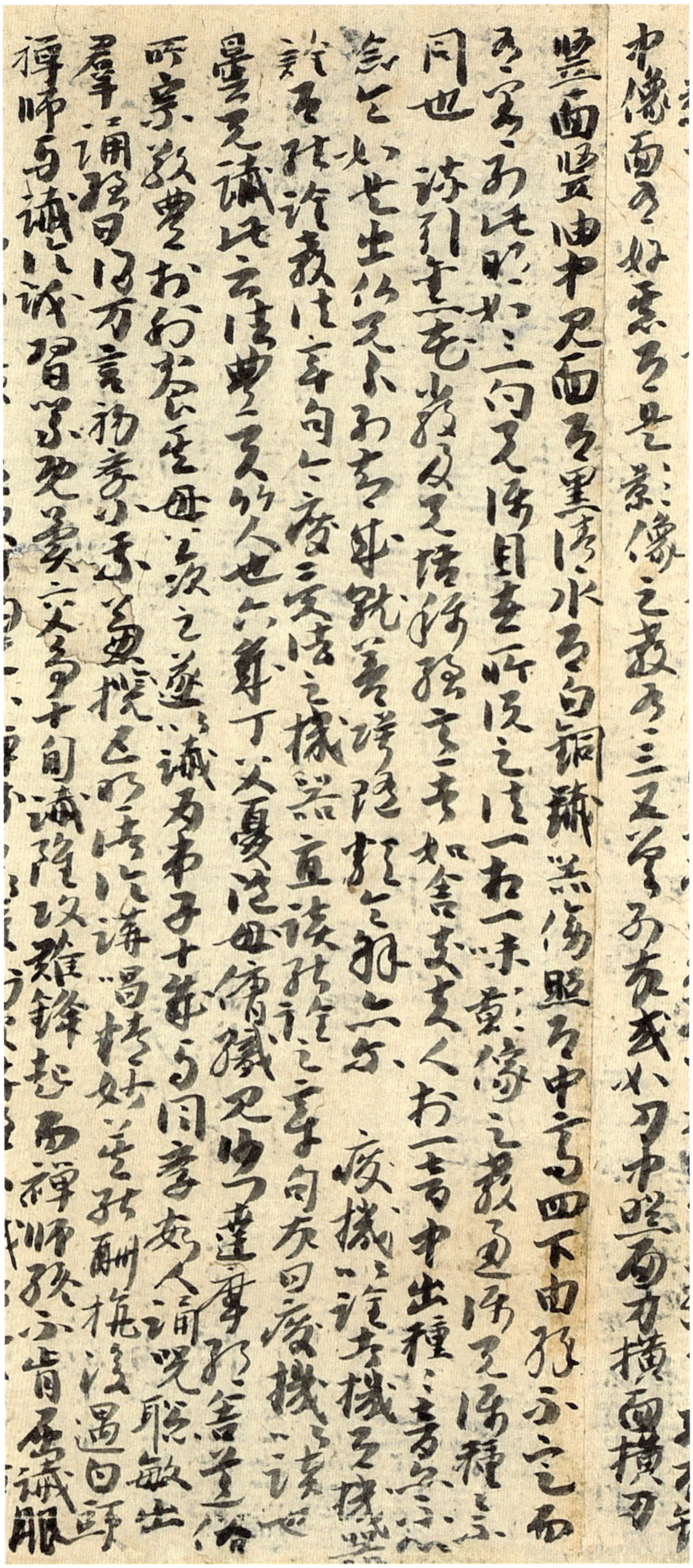

中像面有好惡，即是影像之教。有三五差別，故或如刀中照面，刀横面横，刀竪面竪，油中見面即黑，清水即白，銅鐵器傍照即中高四下，由緣不定而有差別。此照如三向无漏自在所説之法，一相一味影像之教，通漏无漏種種不

六六六 同也。疏引舊《花嚴》及《无垢稱經》意者，如舍支夫人於一音中出種種音，

亦不心

六六七 念令如是出。仏无分别智成就善巧，随類令解亦尔。廢機以詮者，機即機器，

六六八 詮即能詮教法章句。今廢受法之機器，直談能詮之章句，故曰廢機以談也。

六六九 曇无讖，此云法豊，天竹人也，六年丁父憂[一]，随母傭職[二]，見沙門達摩耶

舍，道俗

六七〇 所宗敬[三]，豊於利養，其母羡之，遂以讖爲弟子。十年与同斈數人誦呪，聰敏

出

六七一 羣，誦經日得万言。初斈小乘兼攬《五明》諸論，講唱[四]精妙，莫能酬抗。後

遇白頭

六七二 禪師与讖論議，習業既異，交争十旬，讖雖攻難鋒起，而禪師終不肯屈。讖服

校注

【一】「丁父憂」，《金剛暎卷上》作「丁巳夏」，見《大正藏》第八五册，第六四頁。【二】「職」，《金剛暎卷上》無，見《大正藏》第八五册，第六四頁。【三】「宗敬」，《金剛暎卷上》作「宗教」，見《大正藏》第八五册，第六四頁。【四】「唱」，《金剛暎卷上》無，見《大正藏》第八五册，第六三頁。

六七二 精理，乃謂禪師曰：頗有經典，可得見不？禪師即以授樹皮《涅槃經》本，讖尋讀驚悟，方

六七四 自慚伏，恨以坎井之識久迷大方。於是集衆悔過，遂專業大乘。年廿，所誦大小乘經

六七五 二百餘万言。識從兄善調象，騎煞王所乘白耳大象。王怒誅之，令曰：敢有視者滅

六七六 三族。親屬莫敢往，識哭而塟之。王怒欲誅識。識曰：王以法故煞人，我以親而塟之，

六七七 可謂不違大義，何爲見責？傍人爲之寒心。其神色自若，王奇其志氣，遂留供養

六七八 焉。識明解神呪，所向皆驗，西域呼爲大呪師。後隨王入山，王渴乏湏水，求不能得。識乃

六七九 密呪，山出水，因讚曰：大王恵澤所感，遂使枯石生泉。隣国聞者，皆歎王德。于時

六八〇 雨澤皆調，王悅其道術，深加優寵。頃之，王意稍歇，待之漸薄。識怒曰：我當以

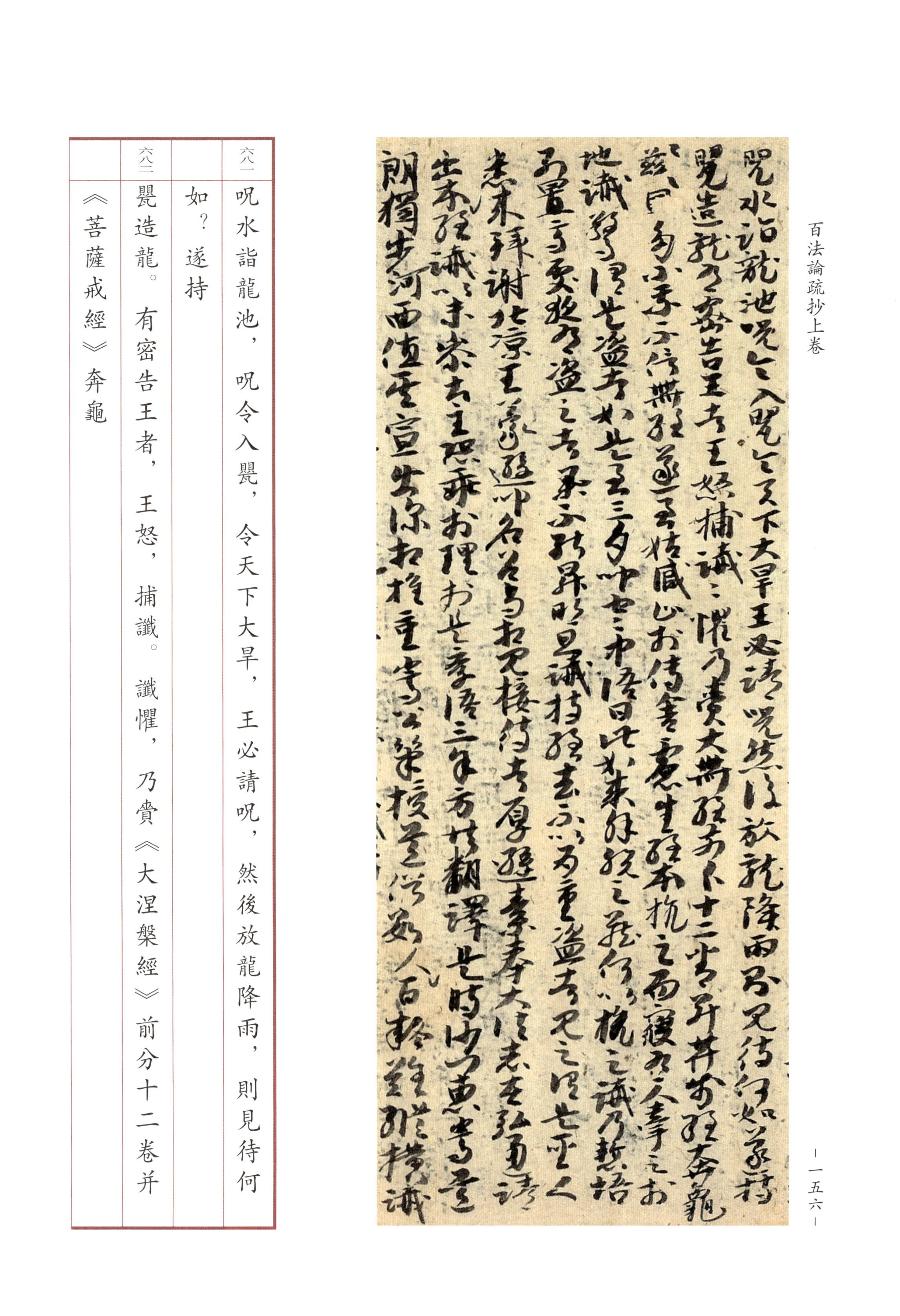

六八一 呪水詣龍池，呪令入罠，令天下大旱，王必請呪，然後放龍降雨，則見待何如？遂持

六八二 罠造龍。有密告王者，王怒，捕讖。讖懼，乃賫《大涅槃經》前分十二卷并《菩薩戒經》奔龜

六八三 茲。龜茲國多小乘，不信《涅槃經》，遂至姑臧，止於傳舍。慮失[一]經本，枕[二]之而寢。有人牽之於

六八四 地，識驚，謂是盜者，如是至三。夕聞空中語曰：此如來解脱之藏，何以枕[三]之？識乃慙悟，

六八五 别置高處。夜有盜之者，舉不能昇。明旦，識持經去，不以爲重。盜者見之，謂是聖人，

六八六 悉來拜謝。北凉王蒙遜聞名，召与相見，接待者[四]厚。遜素奉大法，志在弘通，請

六八七 出經本，識以未參土主[五]，恐乖於理，於是斈語三年，方共翻譯。是時沙門惠嵩、道

六八八 朗獨步河西，值其宣出，深相推重。嵩公筆授，道俗數百人疑難縱横。識

校注

【一】「失」，原作「生」，據《金剛暎卷上》改，見《大正藏》第八五册，第六四頁。【二】「枕」，原作「抗」，據《出三藏記集》卷十四改，見《大正藏》第五五册，第一〇三頁。【三】「枕」，原作「抗」，同前改。【四】「者」，《出三藏記集》卷十四作「甚」，見《大正藏》第五五册，第一〇三頁。【五】「土主」，《出三藏記集》卷十四作「土言」，見《大正藏》第五五册，第一〇三頁。

六八九 臨機釋滯，未嘗留礙，更出《大集》《菩薩戒經》廿餘部。讖以《涅槃經》品
數未足，還国尋求。
六九〇 値其母亡，遂留歲餘。於于闐国更得經本，還復姑臧譯之，續[一]爲《涅槃》

〔三十〕[二]六卷。讖[三]嘗告

六九一 蒙遜曰：翻必降多灾疫[四]。遜不信，欲躬見爲驗。讖即以術加遜，遜見而驚

怖。讖曰：

六九二 宜潔誠齋戒，神呪驅之。乃誦呪五日，謂遜曰：鬼北去矣。既而北境之外疾死

万

六九三 餘[五]。遜益敬讖，礼遇弥重。會魏主託跋聞其道術，遣使迎請，且告遜曰：若

六九四 不遣讖，便即加兵。遜自揆国弱難以拒命，兼慮讖多術或爲魏謀，乃密計除

六九五 之。初，讖出《涅槃經》卷數已定，有沙門云：此經品未足。讖常慨然，誓必

重尋，蒙遜

六九六 因其行志，乃[六]資發厚贈寶貨。未發數日，乃流涕告衆曰：讖業對將至，

校注

【一】「續」，原作「讀」，據《出三藏記集》卷十四改，見《大正藏》第五五册，第一〇三頁。【二】「三十」，原無，據《出三藏記集》卷十四補，見《大正藏》第五五册，第一〇三頁。【三】「讖」字是旁邊補寫。【四】「翻必降多灾疫」，《出三藏記集》卷十四作「有鬼入聚落，必多災疫」，見《大正藏》第五五册，第一〇三頁。【五】「万餘」，《金剛暎卷上》作「百餘萬」，見《大正藏》第八五册，第六四頁。【六】「乃」，《金剛暎卷上》下有「僞」，見《大正藏》第八五册，第六四頁。

六九七 衆聖不能救焉。以本誓心，義不可停。行卌里，遜遣刺客害之，年卌九，衆咸慟惜焉。

六九八 四倒有三，謂凡夫及二乘。凡夫之人，於无常常倒、於苦樂倒、不淨淨倒、无

我我倒。二乘
六九九 於常无常倒，乃至於我无我倒。又於三倒想見心倒。想倒者，謂於无常苦、不
淨无
七〇〇 我中，起常樂我淨忘想分別。見倒者，即於彼妄想所分別中，忍可樂欲[一]執
著。心倒
七〇一 者，謂於彼所執著中貪等煩惱。略有三種：一是根本謂无明，二顛倒體者謂薩
迦邪見
七〇二 爭執見一分，見取、戒禁取及貪，三等流謂邪見邊執見一分，恚、慢及疑。此
中薩迦邪
七〇三 見是无我我倒，邊執見一分是无常常倒，見取是不淨淨倒，戒禁取是於苦樂
七〇四 倒，貪通二種，謂不淨淨倒，及於苦樂倒。叢林即娑羅林，此云高遠，以其林
木森

校注

【一】「欲」字是旁邊補寫。

七〇五 逮出於餘林之外也。舊云竪因者，誤也。大根莖等者，曰一三乘之中各禀教理
行果
七〇六 而生長，依教證理、依理起行、依行得果，如根莖等生長次弟故。又依勝劣

果、行、理、
七〇七 教如次，名爲根莖枝葉。疏中取頓悟義，故言大根大莖。人者，《雜心論》
云：意寂静故
七〇八 名人。《涅槃》云：以多思慮故名爲人。光潔義，自在義，名天。施者輟己，
恵人曰施，防非止
七〇九 惡名戒。二乘之人雖聞人我空之教，於此五藴之上不起僞身有我之見，證我无
七一〇 故无我有理、有我无理，名爲人空。无著論云：差别相續體，不斷至命住。復
取[一]於
七一一 異道，是我相四種。釋云：一者我相，二者衆生相，三者命相，四者壽者相。
我相者，
七一二 見五藴差别，一一藴是我，如是妄取故。衆生相者，見身相續不斷故。命相
七一三 者，一報命根不斷住故。壽者相者，命根斷滅後生六道故。此中命根即人相，
故上

校注

【一】「取」，《金剛般若波羅蜜經論》作「趣」，見《大正藏》第二五册，第七八三頁。

七四

皆名執我。法空之中亦有四相。偈云：一切空无物，实有不可說。依言辭而說，是

七一五　法相四種。四種者：一者法相，二非法相，三者相，四者非相。二乘之人依於
法執所知障中能所
七一六　二法我之見，於仏身上起於四倒，謂於常生无常倒等，今爲令除无我怖，故説
仏
七一七　法身常樂我浄。常者法身，樂者涅槃。故云：生滅滅已，寂滅爲樂。我者仏
義，即
七一八　自在主宰之義，即是无漏，五蘊浄者即法也。真如清浄性，離雜染爲物執
七一九　對，故名爲法。初凡爲除四倒，故説四念住。觀身不浄治浄倒，觀受是苦治
樂倒，
七二〇　觀心生滅治常倒，觀法无我治我倒。此中先説色蘊，次受次識，後相行二蘊。
問：何令
七二一　如是觀耶？隨境麁者先觀故，或諸欲貪於身處轉，觀身在初，然貪於身由
七二二　欣樂受，欣樂受者由心不調，心之不調由或未斷故。觀身等如是次弟，能治四
倒。念力能令恵

七三 於境住，謂若有能於身住，脩身緣身无得住，又若能於受脩受觀緣受念得住，

七四 云云。問：此四由何故集？由何故滅？答：食觸名色作意集故，如次能令身受

心法集。食

七五 獨名色作意滅故，如次能令身受心法，此謂舍義。《花嚴》入法界品弟十六

云：及[一]
七二六 与五百聲聞衆俱，悉覺真諦，皆證实際，深入法性，永出有海等。八世界者，即八恒河
七二七 沙，雖[二]不見文義應尔也。初一時中，欲廢事談理，及同一會[三]有大小根。可如流支所説，若
七二八 通一切即不可，豈无一會[四]頓發五乘之心，及漸入大乘者也。弟二時中立頓漸者，理
七二九 雖可尔，定判諸經爲頓、漸者，義亦不[五]可故。又流支依《楞伽經》[六]立頓、漸二教者，此亦不然。
七三〇 彼經以仏能頓説法名之爲頓，三乘之人漸次脩斈名之爲漸。以行爲漸，非約教時，故不可

校注

【一】七二五行至卷末，參校《大正新修大藏經》，並與斯三九九四《百法論疏抄上卷》互校。【二】「雖」，斯三九九四作「隆」。【三】「會」，原似「念」，據《大乘法苑義林章》卷一録，見《大正藏》第四五册，第二四七頁。【四】「會」，原似「念」，據《大乘法苑義林章》卷一録，見《大正藏》第四五册，第二四七頁。【五】「不」，旁邊補寫。【六】「經」，斯三九九四作「務」。

七三一 也。又《涅槃經》半滿教者，彼皆據理有盡不盡，以明半滿不定，約逗機直往

迂會以明

七三二 半滿。弟三時理則可然若定，約年數亦不可，以《花嚴》初説遺教，後説會三

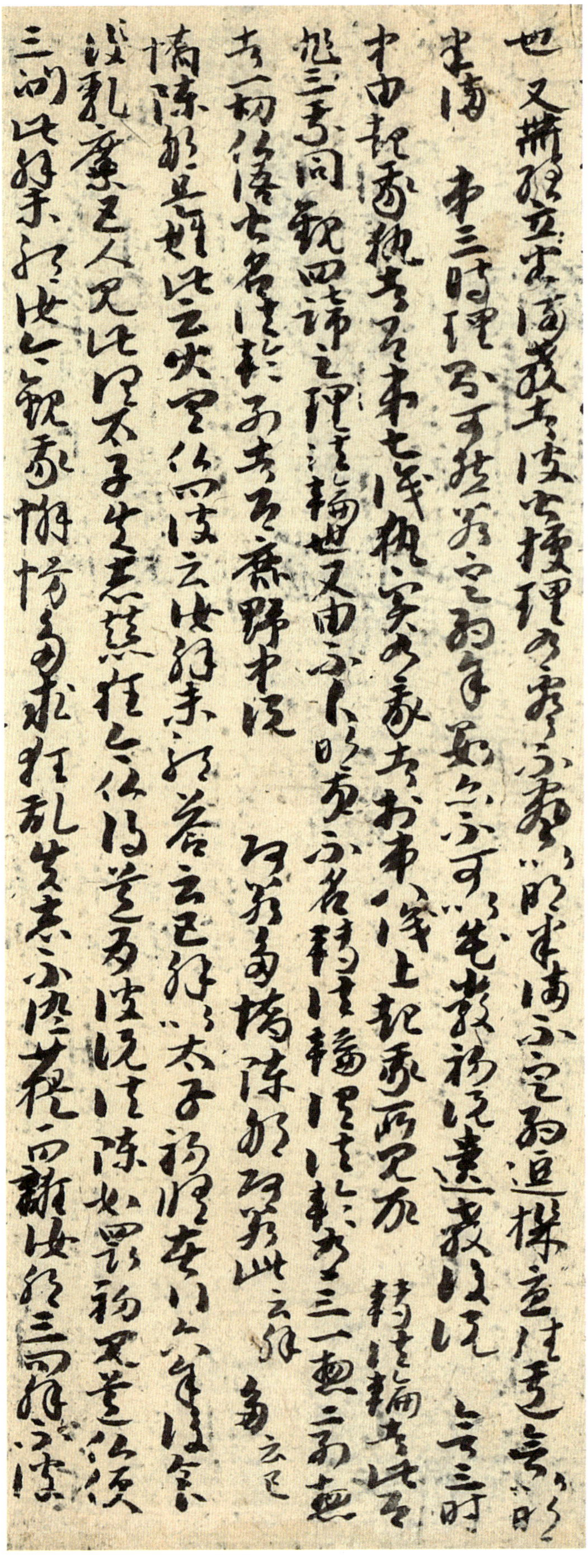

時

七三 中由起我執者，即弟七識執实有我者，於弟八識上起我所見故。轉法輪者，此

即

七四 非三乘同觀四諦之法輪也。又[一]由不分明故不名轉法輪。謂法輪有三[二]，一揔

二別揔

七五 者，一切仏語皆名法輪，別者即鹿野中說。阿若多憍陳那，阿若，此云解；多

云已，

七六 憍陳那是姓，此云皆具。仏問彼云：汝解未耶？答云已解。以太子初脩苦行六

年後食

七七 乳糜。五人見此，謂太子失志顛狂。今仏得道爲彼說法，陳如最初見道，仏便

七八 三問此解未耶？汝今觀我懈慢多求狂亂失志，不證菩提而誑汝耶？三問解不。

彼

校注

【一】「又」，斯三九九四作「有」。【二】「三」，斯三九九四作「二」。

七三九 三返答言已解。意云我今觀仏，实非懈慢，乃至狂乱失志。又实得菩提而非誑

七四〇 我。我今爲仏證人，爲止誹謗，令餘四人聞法勇勵，速入見道。仏語陳如，地

神聞聲展

七四一 轉相告，地神藥叉舉聲遍告[一]。問：何緣但說地神耶？由地神恒隨仏故。謂菩
薩處
七四二 胎至成仏，恒隨護之，使[二]无留難。亦見世尊轉法輪已，歡喜踴躍，自
〔慶〕[三]先所施
七四三 勞，已得果滿故。又地神性輕躁故。廣如《婆沙》一百八十三說。浄名云：三
轉法輪於
七四四 大千等者，一示相轉示四諦相故，二勸脩轉勸脩諦理故，三作證轉爲作證明
七四五 故，名[四]三轉。初轉苦見道，次轉苦脩道，後轉苦无李。三轉已畢，陳如即得
无李
七四六 果。《俱舍》云：所說沙門性，亦名婆羅門。亦名爲梵輪，真梵所轉故。於中
唯見道，說名

校注

【一】「舉聲遍告」，《阿毗達磨大毗婆沙論》卷一百八十三作「發聲相告」，見《大正藏》第二七冊，第九一五頁。【二】「使」，底本字形與「既」極爲相近。【三】「慶」，原留空，據《阿毗達磨大毗婆沙論》卷一百八十三補，見《大正藏》第二七冊，第九一五頁。斯三九九四作「度」。【四】「名」，斯三九九四缺。

七四七 爲法輪。由輻等似輪，及具輻等故。此中頌意出法輪體唯是八聖道。沙門者，

息

七四八 惡義、功勞義，婆羅門淨行義。梵輪者，如來是梵增語，彼所轉故，故名梵
輪，亦名
七四九 法輪者，可執持義。正見等法所成性故，見道名法輪。有速疾行故，摧已伏
故，鎮已
七五〇 伏故。正見正思惟[一]名轂，是根本故。正語業命名輻，因轂有故。正念懃定名
輞，
七五一 攝録餘故。此即薩宗若大乘七覺支爲見道體，以擇法覺支爲初故。又依數法
七五二 七八爲次弟也，不同小乘[二]。何故唯五人者，迦葉仏時同斈九人，四人利根已
得道果，五
七五三 人鈍根發願遇釋迦出世故。又慈力王施身与五夜叉，願道成[三]先度，即此
七五四 是也。脩習善巧者，《婆沙》弟六説：四善巧界處緣起及處非處。《伽論》廿
七説：五
七五五 善巧謂蘊界處緣起及處非處。五十七説：六前五中非根善巧，菩薩緣此六種爲

校注

【一】「惟」，斯三九九四作「唯」。【二】「小乘」，斯三九九四下有「也」字。【三】「道成」，斯三九九四作「成仏」。

七五六 除我法二執故。三性義者，初遍計所執性，謂周遍計度，即所妄執情有理无

七五七 蘊處界等，若法若我自性差別。法自性者，如色受等。法差別者，漏无漏等。

我

七五八 自性者，揔顯我名爲自性，遍不遍等名爲差別。依護法宗，唯六七識是能遍計，計有

七五九 人法二執故。五八並无遍計，彼六七中不善无記是能遍計，非善心等唯恚能執，意及

七六〇 意識名意識故，故知通六七。計度有三種：一自性、二隨念、三分別。復有多種，如《瑜

七六一 伽》等云云。弟七唯无分別計度是此類故，相從而說，以无恚執相應，據实弟七有漏

七六二 位中唯緣弟八不得名遍，即由此義。四句分別：一遍而非計，即无漏識及有漏善識，唯

七六三 能廣緣而无計著；二計而非遍，謂有漏弟七；三亦遍亦計，謂有漏弟六，具我法二執；四非遍

七六四 非[一]計，謂有漏五識及賴耶。此上説能遍計識。依他起性者，即所遍計境也。

《攝大乘》云：謂有

七六五 爲法生刹那後无有勢力，自然而住，名依他起，即伏因託緣而得生，故曰謂種

子緣即

七六六 境相。依安宗，見相二分名爲初性，見相所依是依他起。依護法宗，二分名爲依

七六七 他起性，於此二分妄執定異有无能所二取[二]，名遍計所執，非謂緣生。二分名遍計所執。

七六八 《唯識》云：依他起自性，分別緣所生。說分別言通釋染淨心、心所法似能緣慮名分別故，明

七六九 依他中通染及淨。圓成实者，有三義：一者圓滿，二者成就，三者諸法实性。應言圓滿

七七〇 成就諸法实性爲存略故，但言圓成实性，如言菩提薩埵，略言菩薩。《唯識》云：顯此遍常

七七一 體非虛謬，謂顯此性有所表遮，圓成实言如其次弟。表此自性有其三義：一遍、二

校注

【一】「非」，斯三九九四作「无」。【二】「取」，斯三九九四作「故」。

七三二 常、三體非虛謬。簡自共相虛空我等，謂此明所遮，此說遍言即遮自性色等，

七三三 自性各守自體，不遍諸法，故此說常言遮彼共相，謂五蘊上苦無常等是。共

七七四 相故，雖[一]遍諸法，體非常住，此說实言遮空我等，雖言常遍而非是实[二]故。《唯
七七五 識》云：圓成实於彼，常遠離前性。此遠離[三]言簡遍計性如此[四]，空花无體[五]性故。
七七六 性言意顯二空非圓成实，以彼二空，其體是无，圓成实性離有无故。問：清弁
七七七 亦說真性離有无相，与无著說圓成实離四句，有何差別？三藏解云：无著
七七八 等宗不遣依他立弟三性，清弁宗義約漸觀行，以依他起遣弟一性，以圓成实遣
七七九 依他起，以无所得遣圓成实，此无所得方名[六]真性。即《掌珎》[七]頌，如前已說，真性即是
七八〇 无所得，宗諸部般若以爲究竟了義大乘。問：兩宗離四句有何淺深？解云：護法

校注

【一】「雖」，斯三九九四作「唯」。【二】「实」，斯三九九四缺。【三】斯三九九四無「前性此遠離」諸字。【四】「如此」，斯三九九四作「此如」。【五】「體」，斯三九九四缺。【六】「名」，原作「便」，校改作「名」。斯三九九四作「名」。【七】「掌珎」，斯三九九四下有「論」字。

七八一 所宗，雖離四句而有所存，清弁即无所存。問：《解深密》云聖教有三，謂四

諦无相了

七八二 義，了義即是《解深密經》。如何説爲了不了耶？解云：護法所説諸部般若爲

不了者，所説

七八三 般若於舍利子等心上顯現，但顯遍計所執无所得相，名爲不了。《解深密》等
唯於菩薩
七八四 心上顯現[一]，具顯三性名爲了義，非无相中識，密有異名了不了。清弁菩薩説
《解深密》
七八五 爲不了者，有何得故，諸部般若名爲了義，无所得故。而彼經中説《深密經》
爲了義
七八六 者[二]，以對機根説[三]於三性，易可了知。勸令受斈於一時間説爲了義，非約盡
理名爲
七八七 了教。《唯識》云：故此与依他，非異非不異。對依他起弁非一異，謂由前圓
成实性於
七八八 彼依他起上恒无初性道理故，圓成实与依他起非異非不異。論云：異應真如非
七八九 彼自性不異，此性應是无常。三无性者，謂依初遍計所執无性中与相无自性

校注

【一】「顯現」，斯三九九四作「現顯」。【二】「了義者」，斯三九九四無。【三】「説」，斯三九九四無。

七九〇 性，次依他起无性中立生无自性性，後圓成実由遠離前我，法无性中立勝義无
自
七九一 性性故。《瑜伽》七十四云：復次三種无自性者，謂相生勝義无自性性，圓[一]
相无自性性故，説遍

七九二 計所執无自性，由生无[二]自性性故，及勝義无自性性故，依他起自性說无自
性[三]非自然有
七九三 性故，非清淨所緣性故，唯由勝義无自性性故。圓成实自性說无自性，何以
故？由
七九四 此自性亦是勝義，亦一切法无自性性之所顯故。《唯識》云：故仏密意說，一
切法无性。謂前三
七九五 性通有及无故，仏爲除妄執我法自性爲有故，說三性皆无自性，非後二性其性
全无。《解
七九六 深密》中顯一切法有无事理種類差別，名爲三性，顯三俱无遍計所執，亦名三
无性。
七九七 又《攝大乘論》依觀行門說云：於繩起虵覺，見繩了義无，證見彼分時，知如
虵[四]智亂。釋云

校注

【一】「圓」，斯三九九四作「由」。【二】「生无」，斯三九九四作「无生」。【三】「說无自性」，斯三九九四無。【四】「虵」，原作「繩」，據《唯識義》卷二改。《般若波羅蜜多心經幽贊》卷一、《大乘法苑義林章》卷一作「蛇」。

起繩覺時遣於蛇[二]覺，喻觀依他遣所執覺，見繩衆分遣於繩覺，喻見圓成遣依他覺，此意即顯，所遣二覺皆依他起，斷此染故。所執实虵实繩我法，不復當情，

八〇〇 非於依他以稱遣故，皆互除遣。虵由妄起體用俱无，繩藉麻生非无假用。麻
譬[二]
八〇一 真理，繩喻依他，知麻繩之體用，虵情自滅。虵情滅故，虵不當情，名遣所
執，非如
八〇二 依他，須聖道斷故。漸入真如達虵定而悟繩分[三]，證真觀位[四]，照真理而俗事
彰，
八〇三 理事既彰，我法便息。依於三性說三无性者，意說三性皆是遍計所執。遍計所
執无故依他，
八〇四 圓成自然顯現勝義生聞，說了義大乘，便即悟解。謂若執有三性即是遍計，若
不
八〇五 執三性，即无遍計故。《瑜伽》七十四云：問遍計所執，云何應知？答：當正
了知唯有其名，无

校注

【一】「蛇」，原作「繩」，據斯三九九四、《大乘法苑義林章》卷一改。【二】「譬」，斯三九九四作「擘」。【三】「分」，原作「不」，據斯三九九四、《大乘法苑義林章》卷一改。【四】「位」，原作「謂」，校改作「位」。

八〇六　相无性，无生无滅，无染无浄，本來寂静，自性涅槃。非過〔去〕[二]現未來，
非轉解苦樂等，唯

八〇七　一味遍一切處，如虚空[三]，以如是等行相知遍計性。又遍計應知，依他應斷，
圓成應證。

八〇八 問：依他起自性亦正智攝，何故前説依他起自性，緣遍計所執，自性應可了
知？答：彼
八〇九 意唯説依他[三]起自性雜染分，非清淨分，若清淨分，當知緣彼无執，應可了
知。疏毗濕
八一〇 縛[四]藥者，此云有功能藥。西方有此方，无如此土人參伏苓甘草之類，於諸丸
散湯
八一一 等藥中，若置此味，能令諸藥功能轉勝。若於一切教法[五]中置三性了義，經理
顯了，
八一二 但无遍計，非无依圓，餘喻亦同。雜綵畫地者，如畫諸色物類，或青或黄，隨
於
八一三 空間爲地發彼花果[六]菜。地即爲揔，綵畫爲別。今此三性令彼空有分明顯現。
熟蘸

校注

【一】「去」，據斯三九九四補。【二】「如虛空」，斯三九九四無。【三】「他」，斯三九九四缺。【四】「縛」，其上原有衍字「濕」，據斯三九九四刪。【五】「教法」，斯三九九四作「法教」。【六】「果」字是旁邊補寫。

八一四 喻者，如諸飲食之中置此熟蘓，令彼食味轉加美潤。蘓即爲摠，食即爲别。今

此了

八一五 義，安在諸法之中，即令彼法義理分明。虛空者，遍一切處皆同一味，不障一

切所作事業。

八一六 世尊依此說三性之法皆无自性，皆同一味，不相障㝵，令彼法空，所有道理分明顯現。

八一七 此上四種喻者，皆約摠別以明，摠即三性，別即諸教。疏云：波羅泥斯者，即波羅柰，

八一八 梵語輕重不同也。此是河神之名，城近此河，故以名也。仙人墮處者，唯《婆沙》云：往昔

八一九 有王將諸綵女入園遊償。時五百仙人乘空而過，見王女樂樂音，以漏未斷即生染，

八二〇 遂失神通而墮此地，即今施鹿林。施鹿林者，即中印度境，往昔此地有多羣鹿，各五

八二一 百餘。仙爲一羣鹿王，提婆達多復爲一王。時此国王畋遊原藪，菩薩鹿王前請王

八二二 曰：大王狡獵中原，縱獠飛矢，凡我徒屬命盡斯晨，即日腐梟，无所充膳，
願[一]

八二三 次差日輸一鹿，王有割鮮之膳，我延旦夕之命。王善其言[二]，遂即迴駕[三]。兩
羣之

八二四 鹿更次輸命。提婆羣中有懷孕鹿，次當[四]就死，白其王曰：身雖應死，子未次
也[五]，
八二五 願暫差替，誕訖當往。鹿王怒曰：誰不寶命？雌鹿歎曰：吾王不人[六]，死无日
矣[七]。乃〔急〕[八]
八二六 告菩薩鹿王[九]。菩薩鹿王曰：悲哉！慈母之心恩及未形，吾當代汝。遂至王
門。門者白王。王曰：鹿王何遽
八二七 來耶？曰：有[一〇]雌鹿當死，胎子未産，心不能忍，敢以身代。王聞嘆曰：我人
身鹿也，无字[一一]

校注

【一】「願」，斯三九九四及《大正藏》本《法華玄贊》卷四下有「欲」字。【二】「王善其言」，斯三九九四作「已善其王」。【三】「遂即迴駕」，斯三九九四作「遂乃即迴」，《法華玄贊》卷四作「遂即迴駕而返」。【四】「當」，斯三九九四下有「輸命」二字。【五】「子未次也」，斯三九九四無。【六】「人」，斯三九九四及《法華玄贊》卷四作「仁」。【七】「矣」，斯三九九四作「全」。【八】「急」，據斯三九九四及《法華玄贊》卷四補。【九】「鹿王」，斯三九九四及《法華玄贊》卷四均無。【一〇】此處原衍一「有」字，據斯三九九四及《法華玄贊》卷四刪。【一一】「字」，斯三九九四作「字」，《法華玄贊》卷四作「慈」。

八二八 育之心；尔鹿身人也，有代命之德。於是悉放羣鹿不復輸命，即以其林爲諸鹿藪，

八二九 因而謂之施鹿林焉。初密意說有教者，謂有依圓不說遍計，亦有以[二]密意說空

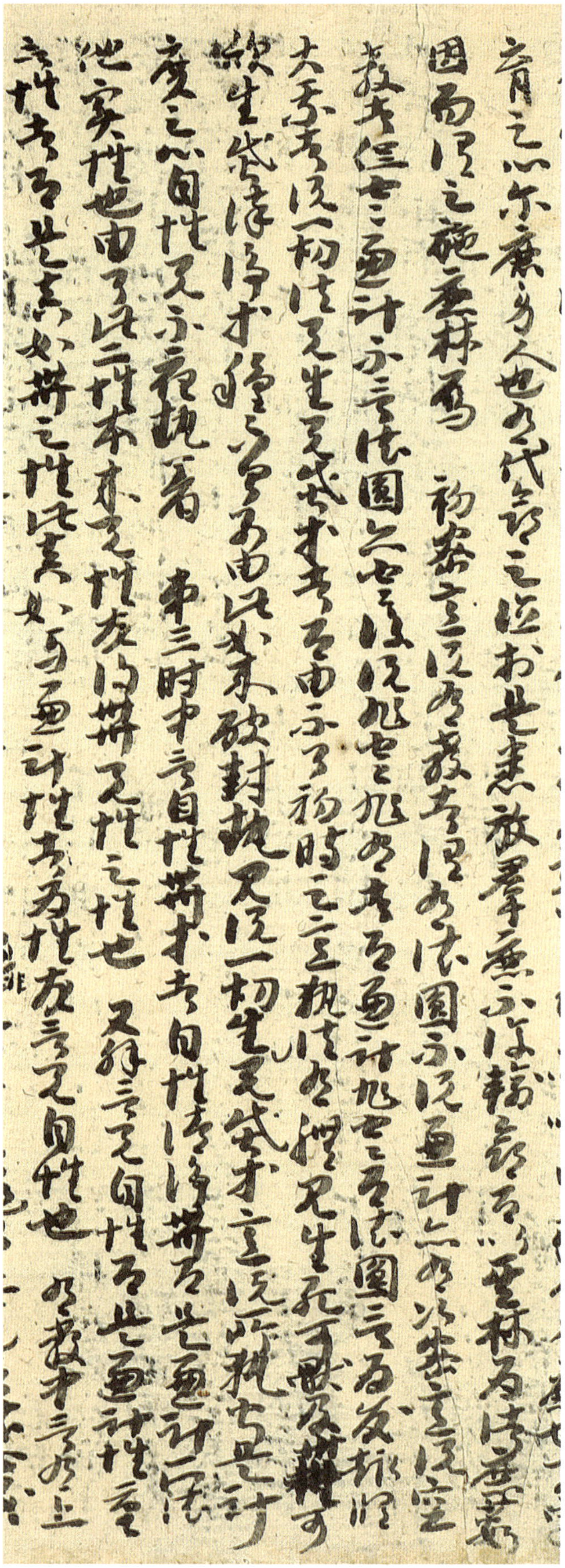

八二〇 教者，但空遍計不言依圓亦空。後説非空非有者，即遍計非空，即依圓言爲發趣。脩

八二一 大乘者，説一切法[二]无生无滅等者，即由不了初時之意，執法有體，見生死可猒，及涅槃可

八二二 欣，生滅染浄等種種差別。由此如來破封執見，説一切无生滅等意，説所執皆是計

八二三 度之心，自性无，不應執著。弟三時中言自性涅槃等者，自性清浄涅槃即是遍計所〔執〕[三]，依

八二四 他[四]實性也。由了此二性本來无性，故得涅槃无性之性也。又解言无自性即是遍計性，重

八二五 言性者，即是真如涅槃之性，此真如与遍計[五]性者爲性，故言无自性也。有教中，言有上

校注

【一】「以」，原作「次」，據斯三九九四改。【二】「法」，斯三九九四無。【三】「執」，據斯三九九四補。【四】「他」，斯三九九四下有「之」。【五】「遍計」，斯三九九四無。

八三六 者，即法空。教有容者，即法空理空。教中有上者，然非[一]无有容者，非有安足者。依止義

八三七 謂不了故，即是諍論之依處也。了義之言，依四門分別。一法印非印門，謂一

切仏法有三

八三八 種印，謂一切无常，一切无我，涅槃寂靜。依此三印爲名[二]了義。簡外道法，

外道法即非印，名不了

八三九 義[三]也。二者言略語廣門，謂長〔行〕[四]言略即非了義，偈頌[五]語廣即爲了

義。三者[六]詮常非常

八四〇 門，說仏果常名了義，說仏果非常名[七]不了義。四隱密非隱密門，說一乘者名

爲了義，

八四一 說空說有名不了義。離有離无，《俱舍》云：如虎銜子，非緩非急，子即安

隱，此亦如是。

八四二 問[八]：《金光明經》三種法輪与大唐三藏三時有何差別？答：祇約年月淺深，

有何差別

校注

【一】「非」字是旁邊補寫。【二】「爲名」，斯三九九四作「名爲」。【三】「義」，斯三九九四缺。【四】「行」，據斯三九九四補。【五】「頌」，斯三九九四作「誦」。【六】「者」，斯三九九四無。【七】「名」，斯三九九四作「爲」。【八】「問」，原作「門」，據斯三九九四改。

八四三 耳？對[一]病成甘露者，爲破有病，空教成甘露，爲破空病，有教成甘露。甘露

者，離於

八四四 蘊魔不離死，所依蘊故[二]。服藥多死者，喻凡夫外道惡我沉淪。不服乳皆差[三]

者，

八四五 喻二乘无我，得證涅槃。後和藥服者，雙對凡夫及以二乘等。對治凡夫妄執有
我即
八四六 說无我，對治[四]二乘執无我理，須說有我。此我者，即《大般涅槃》樂浄常
我，故《中論》偈言：
八四七 諸仏或說我，或說於无我，前句爲菩薩，次句爲聲聞，諸法实相中，无我无无
我。問：《涅槃
八四八 經》初服乳於外道，客[五]斷乳，及令服乳，皆喻仏教，如何有教，同於外道？
答：
八四九 諸外道等執皆有我，爲破此有，令入人空，且密意說人空，義爲小，初[六]說有
法，次
八五〇 破法有，密說法空。涅槃會中，方爲顯說，除外道執有，故說於空，除聲聞執
空，故說

校注

【一】「對」，斯三九九四上有「答」。【二】「故」，斯三九九四作「也」。【三】「皆差」二字是旁邊補寫。【四】「對治」，斯三九九四無。

【五】「客」，斯三九九四作「後醫」。【六】「空且密意說人空義爲小初」，斯三九九四爲「空意爲初」。

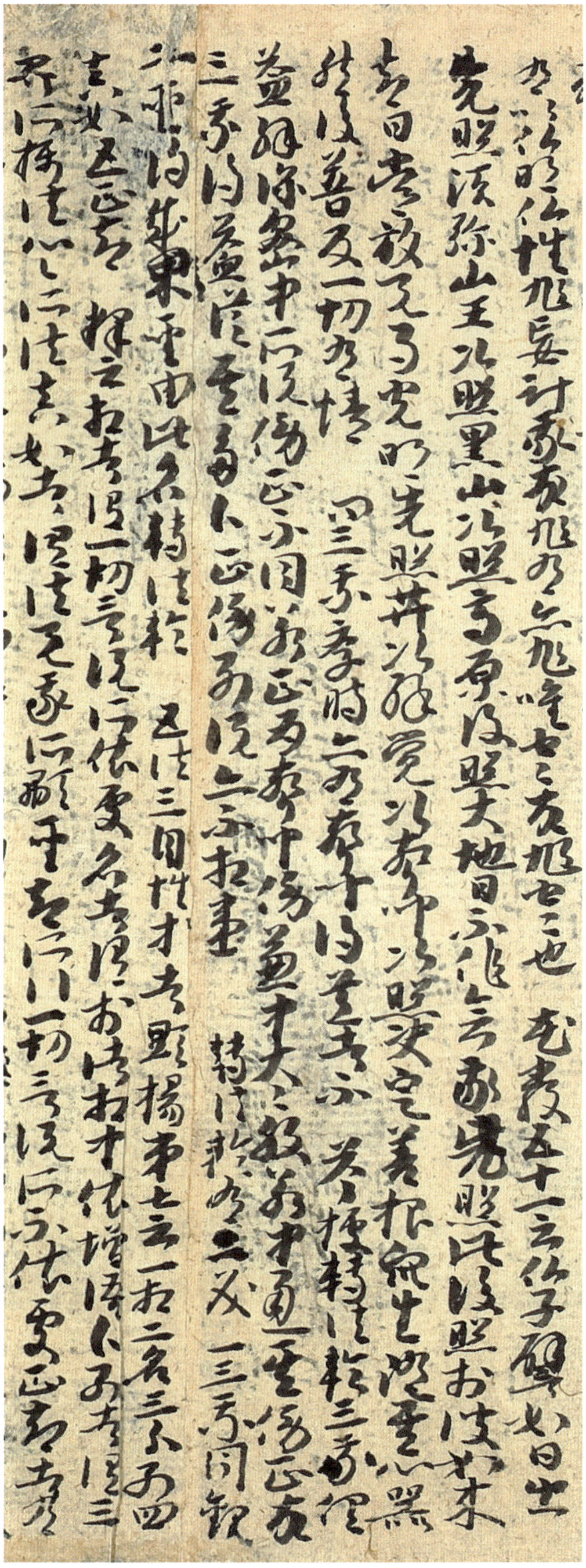

八五一 有。以仏〔二〕明仏性，非妄計我，故非有亦非唯空，故非空也。《花嚴》五十一云：仏子譬如日出，

八五二 光照須弥山王，次照黑山，次照高原，後照大地。日不作念：我先照此，後照於彼。如來

八五三 智日常放无㝵光明，先照菩薩，次緣覺，次聲聞，次照決定善根衆生，隨其心

器
然後普及一切有情。問：三乘孪時亦有聲聞得道者不？答：據《轉法輪》，三
乘俱
益，《解深密》中所説傍正不同，若正爲聲聞，傍兼中大，《大般若》中通其
傍正。故
三乘得益從其多，分正傍別説亦不相違。轉法輪有二義：一三乘同觀，
二聖得成果聖，由此名轉法輪。五法三自性等者，《顯揚》弟七云：一相，二
名，三分別，四
真如，五正智。釋云：相者，謂一切言説所依處。名者，謂於諸相[二]中依[三]增
語。分別者，謂三
界所攝諸[四]心、心所法[五]。真如者，謂法无我，所顯聖智所行一切言説，所不
依處。正智者，有

校注

【一】「仏」，斯三九九四作「以」。【二】「相」，斯三九九四作「法」。【三】「依」，斯三九九四無。【四】「諸」，斯三九九四作「誌」。
【五】「法」，斯三九九四無。

八六〇 二種：一唯出世間，二世間出世間。唯出世間者名正智，謂因正智三乘聖人

八六一 通達真如。又菩薩以世間[二]出世智，於五〔明〕[三]處脩孝時，由遍滿真如智多

現在前，速疾

八六二 證得所知障淨。世出世間正智者，謂二乘等初通達真如已，由初一向出世間正
智
八六三 力，後所得世間出世間正智故。於諸安立諦中[三]，相[四]起猒怖三界心，及愛味
三界寂
八六四 静處，由彼正智多現前故，速疾證得煩惱障淨。《瑜伽》七十四云：問初自性
五法中幾
八六五 所攝？答：都非所攝。答四所攝。問：弟〔三〕[五]性幾所攝？答：一所攝。相
者心等變似所詮
八六六 相，説名爲相。此即對名，弁所詮相非相分故，似能詮現施設爲名心等所變。
八六七 名句、文身施設爲名，能變心等名爲分別，等取心所无漏心等名爲正智。此上
四
八六八 種皆從緣生，依他起攝真如可知。依《弁中邊》弟二云：名遍計所執相，分別

校注

【一】「間」，斯三九九四無。【二】「明」，據《顯揚聖教論》補。《顯揚聖教論》卷六：「菩薩以世出世智，於五明處精勤學時……」「明」，斯三九九四作「名」。【三】「中」，斯三九九四作「等」。【四】「相」，斯三九九四無。【五】「三」，據斯三九九四補。參見《佛性論》卷二。

依他真如，及正智圓成实所攝。釋云：有漏心等所變相分、對見分故，名之爲相，非名所詮，説名爲相，除見分等皆名分別。遍計所執假説爲名，二无倒故圓成

八七一 实攝，謂彼正智雖有變異不顛倒，故弟三性收。依《楞伽》弟七云：大恵云
何，三
八七二 性入於五法，大恵名相，名爲分別法相大恵。依彼二法分別生心、心所法。一
時非前後，
八七三 如日与光明而分別種種相。大恵是名，三相依因緣力生故，大恵正智如如名弟
八七四 一義諦相不滅法故。解云：此經分別法相，即是遍〔計〕[一]所執，分別生心、
心法等，顯依他
八七五 起性，正智如如。名弟一義者，是圓成故。此中意説依他起性攝分別者，揔攝
有漏
八七六 心及心所相見二分，自體分別[二]等名爲分別，以虛妄分別爲自性故。遍計所執
攝名
八七七 及相倒心，所攝能詮所詮，如其次弟，説名爲相。諸教所説雖有少異，義无差
別[三]，所

校注

【一】「計」，據斯三九九四補。【二】「別」，斯三九九四無。【三】「別」，斯三九九四下有「者」字。

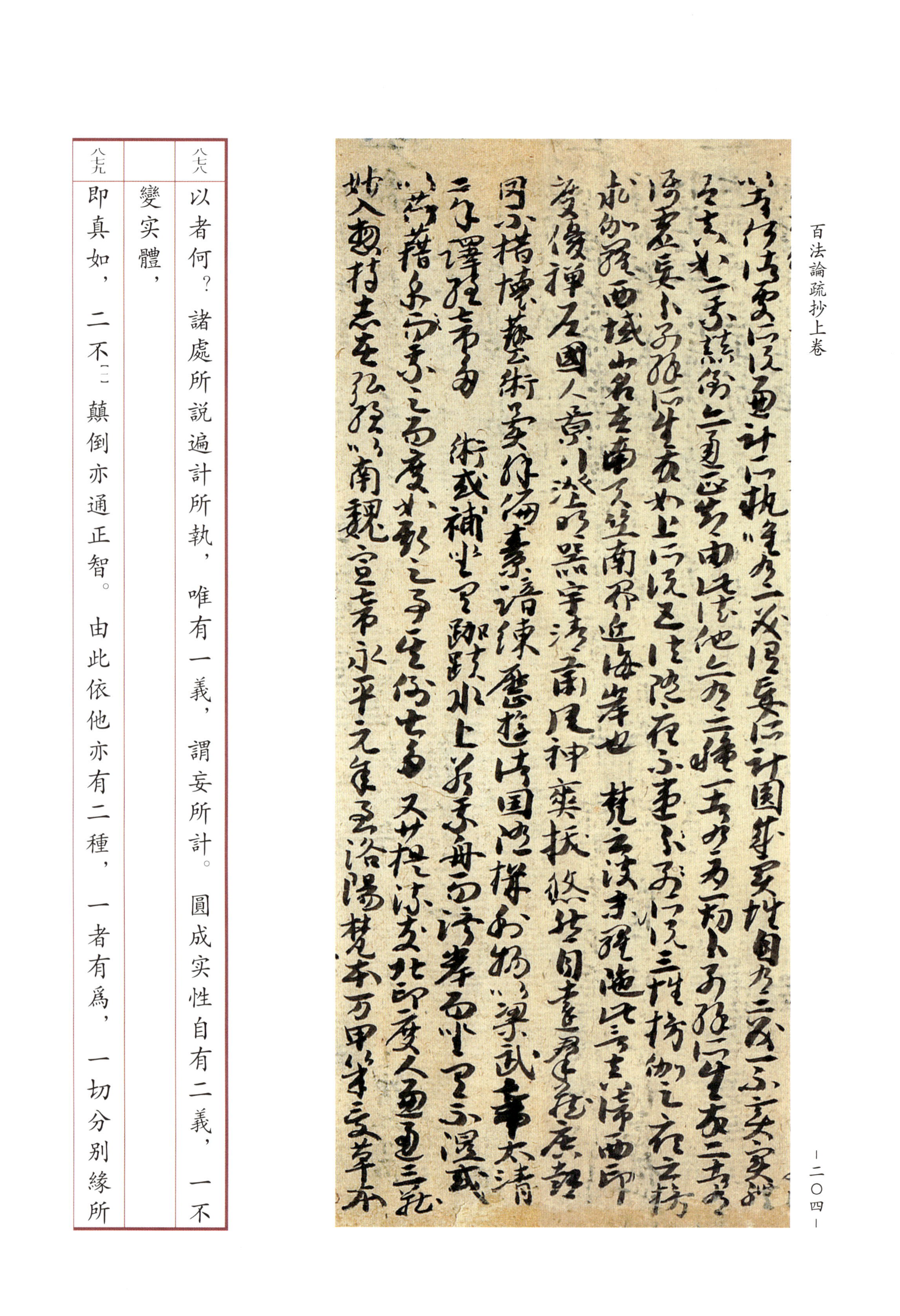

八七八 以者何？諸處所説遍計所執，唯有一義，謂妄所計。圓成実性自有二義，一不變実體，

八七九 即真如，二不[一]顛倒亦通正智。由此依他亦有二種，一者有爲，一切分別緣所

生故，二者有

八八〇 漏，虚妄分別緣所生故。如上所說，五法隨應不違所說三性。《楞伽》[二]之應

云。楞

八八一 求伽羅[三]，西域山名，在南天竺南界近海岸也。梵云波羅末陁[四]，此言真諦，

西印

八八二 度優禪尼國人，景行澄明，器宇清肅，風神爽拔，悠然自遠，羣藏廣部

八八三 罔不措懷，藝術異解，偏素諳練，歷遊諸国，隨機利物，以梁武帝太清

八八四 二年譯經，帝多〔校〕[五]術，或補坐具。跏趺水上，若乘舟而濟岸而坐具不

濕，或

八八五 以荷藉水乘之而度，如斯之事其例甚多。又菩提流支，北印度人，遍通三藏

八八六 妙入揔持，志在弘經。以南魏宣帝永平元年至洛陽，梵本万甲筆受草[六]本

校注

【一】「不」，原作「乘」，據斯三九九四改。【二】「楞伽」，斯三九九四下有「具」。【三】「楞求伽羅」，斯三九九四作「楞伽求羅」。《一切經音義》注云：楞伽者，具云楞求羅伽，西域山名，在南天竺南界近海岸。【四】「波羅末陁」，斯三九九四及《翻譯名義集》《開元釋教録》等作「波羅末那」。【五】「校」，據斯三九九四補。【六】「草」，斯三九九四作「單」。

八八七 滿一間屋[一]，洞善[二]方言，兼工[三]雜術，嘗坐井口藻灌[四]置空，或呪井令湧，酌而用

八八八 之。晉時江左武都山居士劉璆者，守道自怡，寡言蘊德，名居士也。璆，玉名也。

八八九 有作虬，水虫也。有角曰龍，无角曰虬。賈音公户，鄭玄云：行賣曰商，坐賣曰賈。

八九〇 貫与估同音。《白虎通》曰：貫之言固也，固其物待人來，以求其利者也。又

音古

八九一 雅反。三歸五戒等者，歸依成仏，僧无斈二種法及涅槃擇滅，是説具三歸。歸

依仏

八九二 者，謂歸依能成仏。无斈法由彼勝解[五]方得仏名，或由得彼法，仏能覺一切。

何等名爲

八九三 仏，无學法謂盡智等，歸一切仏道，相无異故。歸僧者，謂能通依法能成僧學

无學

八九四 法[六]。由得彼故，此歸一切仏僧道相不〔異〕[七]故。歸法者，歸涅槃法，此涅

槃言唯顯擇滅，自他相續煩惱

校注

【一】「屋」，斯三九九四上有「空」。【二】「洞善」，原作「善洞」，據斯三九九四及《歷代三寶記》《大唐内典録》《古今譯經圖記》等改。

【三】「工」，斯三九九四無。【四】「藻灌」，《歷代三寶紀》卷九作「澡瓶」，《續高僧傳》卷一作「澡罐」，《弘贊法華傳》卷二作「澡灌」。

【五】「解」，原字似「緣」。【六】「能通依法能成僧學无學法」，《阿毗達磨俱舍論》卷十四作「通歸依諸能成僧學無學法」。【七】「異」，原無，據《阿毗達磨俱舍論》卷十四補。《阿毗達磨俱舍論》卷十四：「爲歸一佛僧、一切佛僧耶？理實通歸一切佛僧，以諸僧道相無異故。」

八九五 及苦滅一相故。如人遠行要具三緣，一示道人[二]，二所乘之乘，三无畏伴。欲

涉生死之野

八九六 亦尔，如是仏爲示導，戒法是所乘，僧爲伴侶，即得出生死。《涅槃》云：譬

如羣鹿怖

八九七 畏獵師，若得三跳便能免死。衆生亦尔，畏具[二]四魔，若受三歸，即得解脱。

八九八 《瑜伽》七十四云：六種相當知略攝如來功德。一圓滿，世出〔世〕間[三]一切

功德，出過語言弥應讚

八九九 嘆。二无垢，垢有七種，一欲，二見，三疑，四慢，五憍，六随眠，七慳，以

不求他知又不執著无疑，

九〇〇 或不授重不憍喜等。三不動，謂外道魔軍盜賊国王三灾不能動故。四无等，

九〇一 如來功德廣大尊重勝大威德[四]故，一切有情无与等故。五能利益，謂捨廣大无

罪[五]

九〇二 安樂，方便示現利他加行[六]，利益他行。六功德[七]，謂能於所作利有情事，不

待作願而圓

校注

【一】「人」，斯三九九四無。【二】「具」，斯三九九四作「懼」。【三】「世出世間」，原脱一字，作「世出間」，據斯三九九四補。

【四】「德」，斯三九九四及《大正藏》本《瑜伽師地論》卷十四作「力」。【五】「罪」，斯三九九四作「衆」。【六】「加行」，斯三九九四及《瑜伽師地論》卷十四作「他事」。【七】「功德」，斯三九九四及《瑜伽師地論》卷十四作「功能」。

九〇三 澄故，彼方便智爲親屬故，於彼恒時而專志故。復由五種因緣，諸天等非所歸依。

九〇四 一由形相故，謂不現見无交議故，由形暴惡有怖畏故，由習放逸有貪愛故，

九〇五 由捨利他无悲愍故，由不了知作与不作，於真实義不通達故。二自性故，非所歸

九〇六 依，謂漏所随故，非調善故，非御他故。三由作業故者，諸天受用諸欲安住爲業，損

九〇七 害有情，惡業可得。四法尔者，謂諸世間及出世間吉祥盛事，皆依自力，若離自功

九〇八 力，雖於諸天極申敬事，亦不能得，雖不敬事，但作功力，必能得故。五者因果故，非

九〇九 所歸依，謂諸天身爲由能感事業[一]所得，爲由供養諸天故得，爲无因得。若由能感

九一〇 即是自業，若无因不應歸无等。五戒者，謂煞、盜、邪行、妄語、飲酒。《俱舍》云：邪行最可

校注

【一】「事業」，斯三九九四作「天業」。

九二 訶，易離得不作。釋曰：唯欲邪行，世極訶責，以能侵毁他妻等故，感惡趣故，非非梵行，

九三 易遠離故[一]，在家者耽著欲故。離非梵行，難可受持，故不制彼離非梵行[二]。

又諸聖

九三 者於欲邪行一切定得不作律儀，經生聖者亦不行故。故於近事所受律儀，但立

離

九四 欲邪行。十善者謂離。身三業謂煞、盜、婬。口四過謂妄言、綺語、惡口、兩

舌。意三業謂

九五 貪、嗔、邪見等者。謂八齋近住於晨旦，下坐從師受，隨教說具支，離嚴飾

九六 晝夜。由具五緣方得八戒故。受此律儀，必離嚴飾憍逸處故。常時衣服不必

九七 離之。受此必須晝夜，謂至明旦日初出時，若不如斯，但生妙行不得律儀。此

或名

九八 長養，長養薄少有情，善根有情，令長善根故，亦生自他淨心故。問：何故受

此必具八支？

校注

【一】「易遠離故」，《阿毗達磨俱舍論》卷十四作「又欲邪行易遠離故」。【二】「非梵行」，斯三九九四作「梵行非」。

九一九 頌曰：戒不逸禁支，四一三如次，爲防諸性罪，失念及憍逸。釋云[二]：前四[三]
是尸羅支，
九二〇 謂離煞、盗、婬、虛誑語故，由此四種是性罪故。次一是不逸支，謂離飲酒生
逸放故。

九二 後三種是禁約支，謂離塗飾香鬘等故，乃至非時食，以能隨順猒離[三]心故。
九三 言即《提謂》与《五戒本行經》別也。言三乘有行之教者，謂一人初行有行名
聲聞，次
九三 行空行名菩薩，後行不空不有行通菩薩聲聞，故名三乘同行。有教其三乘，其
三
九四 乘同行空教，亦准此可知。又云：仏爲破我説无有人等，但説有蘊處界。聲
九五 聞之人即以四諦觀之，緣覺之人〔以〕[四]十二因緣觀之，菩薩即以三性觀之。
仏但説有三乘，
九六 觀行各各不同，故名三乘有行之教也。言三乘同行空教者，仏揔相説空，聲聞
緣
九七 覺之人以人空觀之，菩薩以二空觀之，故言□三乘同行空教也。言當説无常仏
果

校注

【一】「云」，斯三九九四作「曰」。【二】「前四」，斯三九九四及《阿毗達磨俱舍論》卷十四作「八中前四」。【三】「離」是旁邊補寫。

【四】「以」，據前後句式補。

九二八 者，謂約相説，唯取王宮生雙樹滅名无常仏。其法報二身，即是常住

九二九 仏[二]，報身相續常，法身凝然常。〔據〕[三]实報化无常。言以前未分明説者，

指三時以前

九三〇 也。然璆所在五時揔就一人根性而説，謂初爲説世間因果，未堪爲説出世法，

九二一 故次更爲說三乘有行之教，次說空行之教，次說无常仏果，以爲真实，未堪爲
說
九二二 常住仏果。故弟五時中從前漸次善根熟已，方始爲說法身真理常住仏果
九二三 故。提謂長者，心平性直，語实行殷，齒邁才盈，名爲長者。南山宣律師
九二四 《感通記》云：摩伽陁国向北千餘里，有国名縛唱羅，有一處，說此国苾東向
五天
九二五 興易[三]，有一長者名爲提謂，与五百人南海採寶迴，路由摩伽陁国過去，上茅
城
九二六 六十里近伽耶城。忽然雲務黃尘四起，上与天連[四]，雷雨卒降。時提謂等不知
何
九二七 事有此徵祥。時有二人善知卜，相占曰：是樹神所爲。遂將麨蜜[五]而往求之。
其樹神

校注

【一】「仏」，斯三九九四無。【二】「據」，原留空，據斯三九九四補。【三】「此国苾東向五天興易」，《法華經玄贊決擇記》卷一作「此苾嶺東向五百里」。【四】「連」，斯三九九四作「通」。【五】「蜜」，原作「密」，據九四二行改。

知來，即化作一老人，路逢二人，因即問言：今者何往？長者答言：我等遭厄，卜是樹神，今欲求之，故來至此。老人即言：樹神者，我是也。長者問言：何故作此不祥？神即報言：

九四〇 此非我作，不須汝求，乃是仏也。今有有迦毗羅国淨飯王之太子，捨国出家，於苦行林
九四一 六年脩道，在我樹下得成正覺，号之爲仏，是所爲也。長者根熟，聞仏名字，身毛皆竪，
九四二 體戰聲嘶。樹神曰：仏成道來，未有供養，汝今麨蜜將供養仏。時此長者即便却迴，
九四三 報五百人言：有仏出世，共汝等供養求福。諸人歡喜，皆來仏所，不解遶仏，樹神教之。
九四四 与仏作礼，却住一面，獻仏麨蜜。仏便受之，遂受三歸，并爲廣説三歸功德。長者聞已
九四五 發菩提心，誓度衆生以求仏果。仏与授記：汝於來世作仏，号曰齊成。當尔之時，仏爲
九四六 仏寶所證。三歸名爲法寶，令歸未來僧爲僧寶。長者因請如來説其本教，仏不受

九四七 請，但剪爪髮与之，令其供養。又請供養[二]之儀。仏爲疊三衣，次弟重之，合

鉢在上，

九四八 次竪錫杖鉢盂之上，作仏啚形。提謂長者既受教已，即便懺悔等。《提謂經》

云：由受

九四九 三歸五戒故，受長生符[二]，不死即長生。符者即是三歸，不死印者即是五戒。云何

九五〇 而言弟一時唯是世間教也？言五逆者，一煞父，二害母，三煞阿羅漢，四破和合僧，五出仏

九五一 身血。此於破僧謗法等罪通，於過現仏等令斷故也。頌曰：此五无間中，四身一語業，

九五二 三煞一誑語，一煞生加行。釋曰：四是身業，一語業，三煞生，一虛誑語根本業[三]，一煞生

九五三 加業道，以如來〔身〕[四]不可害故。又云：僧破不和合，心不相應行，无覆无記性，所破僧

九五四 所成。釋曰：所緣體是不和合性，无覆无記，心不相應，行蘊所攝，非能破者，成此僧

校注

【一】斯三九九四無「又請供養」四字。【二】「符」，斯三九九四下有「佩」。【三】「業」，斯三九九四及《阿毗達磨俱舍論》卷十八下有「道」。【四】「身」，據斯三九九四及《阿毗達磨俱舍論》卷十八補。

九五五 破，但是所破僧衆所成。頌曰：能破者唯成，此虚誑語罪，无間一劫熟，隨罪

增苦增。

九五六 釋曰：能破僧人成破僧罪，此破僧罪誑語爲性，即[一]僧語[二]俱生語業无表

〔業〕[三]，此必无間

九五七 大地獄中一[四]劫受苦，餘逆不必生无間獄，隨逆罪多少其〔苦〕[五]亦增。頌
曰：苾蒭見淨
九五八 行，破異處愚生，忍異師道時，名破不經宿。釋曰：能破曰[六]要是大比丘，非
在家尼
九五九 等。唯見行者，罪愛行者，住淨行人，非犯戒者。犯戒者言不威肅故，要異處
破，非對大師，
九六〇 以諸如來不可輕逼，言詞威肅對必无能，唯破異生非[七]聖者，故以諸聖人證法
性故。
九六一 有說：得忍亦不可破，含二義故說愚夫言，要忍異師說有餘聖道，要分二部，
九六二 極少八人等。頌曰：汙母无學尼，煞住定菩薩，及有學聖者，奪僧和合緣，破
壞窣

校注

【一】「即」，斯三九九四無。【二】「語」，斯三九九四及《阿毗達磨俱舍論》卷十八作「破」。【三】「業」，原無，據《阿毗達磨俱舍論》卷十八補。【四】「中一」，斯三九九四及《阿毗達磨俱舍論》卷十八作「一中」。【五】「苦」，據斯三九九四補。【六】「曰」，斯三九九四及《阿毗達磨俱舍論》卷十八作「者」。【七】「非」，《阿毗達磨俱舍論》卷十八下有「破」。

九六三 堵波，是无間同類。從脩妙相業，菩薩得定名，生善趣貴家，具有男念[一]堅
固。[二]
九六四 四大本浄者，於彼四大上起貪嗔癡，令彼四大成所緣縛。今斷貪等揔盡，於彼

四

九六五 大所緣縛斷，故得本淨名。若五蘊六尘不善者，斷无記者離縛，故言本淨。

九六六 此持業釋。瓚法師云：四大[三]之本唯是真理，妄執四大以爲实有，今離妄執，

故云本

九六七 淨，復懺悔已後，悟本真如，名本淨也。五蘊本淨者，謂此五蘊衆緣所生，緣

九六八 合即集，緣散即離。未懺悔前妄執实有，懺悔之後了本爲空，空即真理，故名

九六九 本淨。六尘本淨者，哲云色聲二種。據大乘説，表通善惡，无表唯无

九七〇 記。若據小乘，色聲二種通於三〔性〕[四]，亦不爲表，説餘四大，小乘同是无

記，未悔已前將

九七一 爲实有，既悔已後方悟本淨[五]。五我本淨者，即是五蘊，若尔与蘊何別？答：

依

九七二 他遍計有差別故，謂諸外道妄執有此五乘等事，世尊爲破此妄執，故説其

校注

【一】「念」，斯三九九四作「令」。【二】「具有男念堅固」，《阿毗達磨俱舍論》卷十八作「具男念堅故」。【三】「四大」，斯三九九四上有「悟」。【四】「性」，據斯三九九四補。【五】「淨」，斯三九九四作「性」。

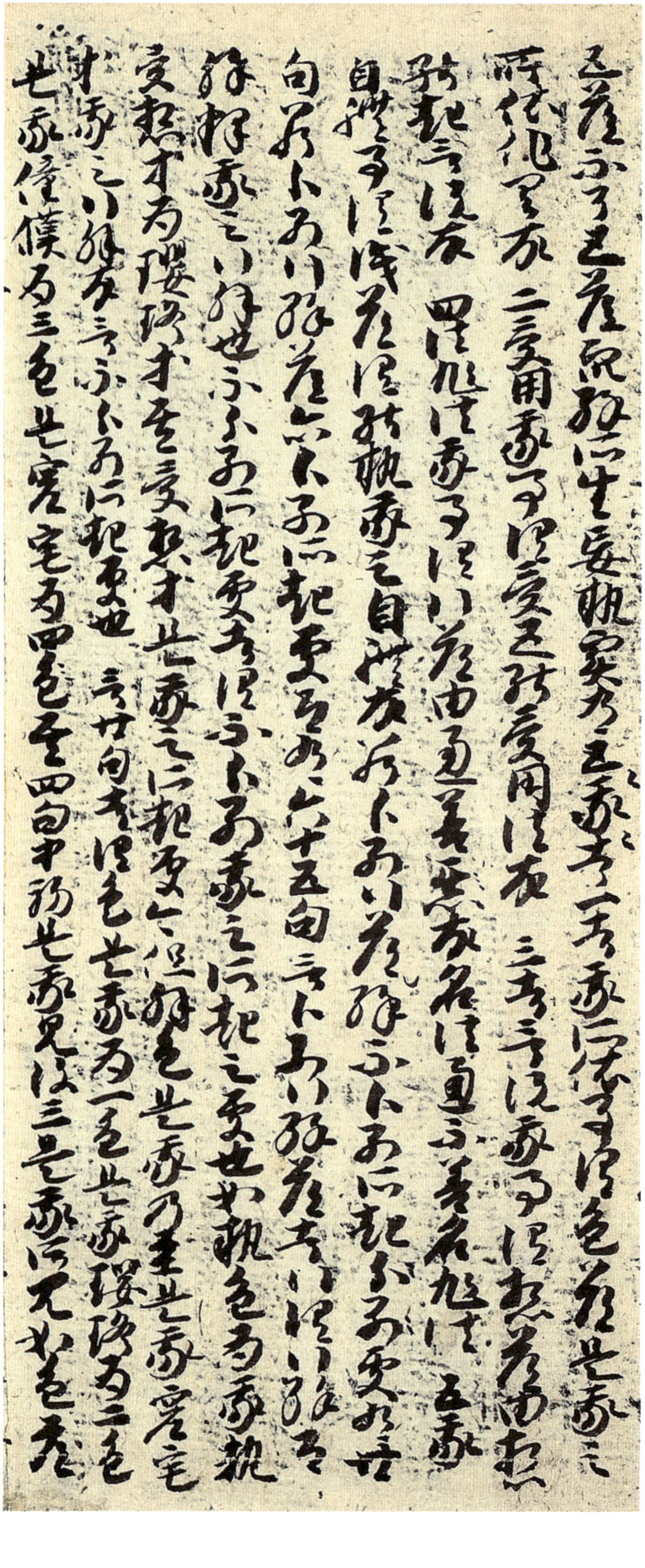

九七三 五蘊不了。五[一]蘊衆縁所生，妄執実有五我。五我者，一者我所依事，謂色蘊是我之

九七四 所依作具故；二受用我事，謂受五〔蘊〕[二]能受用法故；三者言説我事，謂想蘊由想

九七五 能起言說故；四法非法我事，謂行蘊由通善惡故，名法通，不善，名非法；五
我
九七六 自體事，謂識蘊，謂能執我之自體故。若分別行緣蘊，不分別所起處，有廿
九七七 句。若分別行緣蘊，亦分別所起處，即有六十五句。言分別行緣蘊者，行謂行
緣，即
九七八 解釋我之行解也。不分別所起處者，謂不分別我之所起之處[三]也。如執色爲
我，執
九七九 受想等爲瓔珞等，其受想等是我之所起處，今但緣色是我，乃至是我窟宅
九八〇 等，我之行解故言不分別所起處也。言廿句者，謂色是我，爲一色是我，瓔珞
爲二色
九八一 是我，僮僕爲三色是〔我〕[四]，窟宅爲四色[五]。其四句中，初是我見，後三是
我所見，如色蘊，

校注

【一】「五」，斯三九九四作「此」。【二】「蘊」，據斯三九九四補。【三】「處」，斯三九九四缺。【四】「我」，據斯三九九四補。【五】其下當有「是我」二字。

如是受想行識四蘊亦然，四五成廿句也。言六十五句者，謂色是我，受是我，

瓔珞受是我，僮僕受是我窟宅。初一我見，後三所見。舉此色爲初歷，餘四蘊

各言瓔珞等有三句，三四十二，并色是我一句，合成十三，餘四蘊各爲頭亦十

三，故成六十

九八五 五句也。又解四大本浄者，由真如是一切法之根本，由迷故滯生死，由悟故得

涅槃。既懺

九八六 悔已，五逆十惡等煩惱滅除，遂得四大本浄之真理，故言四大本浄也。餘皆唯

此。

九八七 言得不起法忍[一]，不者无也，起者生也，即是无生法忍之異名也。然无生忍有

其五種。一伏

九八八 忍，在加行位折伏煩惱故。二信忍，在初地得四不[二]增信故，即信三寶及戒二

三地，行施戒脩順

九八九 世間故。三順忍，在四五六地，順二乘觀。四不起法忍，在七八九地。五寂滅

忍，在十地。此上五

九九〇 忍各有上中下，應知今提謂所得无生忍但在初地。何以得知？汎言不起，有其

三種，一證

校注

【一】「忍」，斯三九九四下有「者」。【二】「不」，斯三九九四缺。

九一 不起，即是[一]初地；二相續不起，即在八地；三圓滿不起，即在仏地。提謂逢

仏初得无生，故是

九二 初地。若依《大般若》及《仁[二]王經》，一者伏忍，十住十行十迴向是，

〔十〕[三]信攝在十住初心。二信忍，即初二

九九三 三地，如[四]次方堅固故。三順忍，四五六地，隨順二乘脩四諦十二〔因〕[五]
緣菩提[六]分等。四无生忍，即七
九九四 八九地，分段[七]煩惱更不生故，亦名不起法忍。五寂滅忍，即十地及等妙覺
地。故若依
九九五 此文，提謂得不起忍，即初二三地，或即七八地是，三百價人得柔順忍，即四
五六地。調柔[八]其
九九六 心順二乘故也。二百價人得須陁〔洹〕[九]果者，即小乘見道。四天王等得柔順
忍，亦四五六地。三百
九九七 龍王得信忍，〔亦〕[一〇]初二三地。或可價人及龍王等皆是大菩薩，見如來初成
道示現化故，顯

校注

【一】「即是」，斯三九九四作「在」。【二】「仁」，斯三九九四作「人」。【三】「十」，據斯三九九四補。【四】「如」，斯三九九四無。

【五】「因」，據斯三九九四補。【六】「菩提」，斯三九九四作「菩薩」。【七】「段」，斯三九九四作「斷」。【八】「柔」，斯三九九四作「順」。

【九】「洹」，據斯三九九四及《大乘法苑義林章》卷一補。【一〇】「亦」，據斯三九九四補。

九九八 發如來有威神力可尊重故。自餘天等皆發无上道意者，即十信以[一]前發大心

也，亦

九九九 入十信之位。問：《提謂》〔言〕[二]或初地或八地，有何意矣？答：既言滅三

界苦，即出[三]分段死，入

一〇〇〇 變易生。經中爲无悲智二言，故置或也。若是智增即初地，若是悲增即八地。

齊成

一〇〇一 者，謂一時成仏也。須陁洹果者，且斷分別或盡證於初果，斷欲界俱生脩道，

或九品

一〇〇二 中前六品盡證弟三[四]果，斷欲界脩，或後三品盡證弟三果，斷上二界八地，或

各九品俱生

一〇〇三 揔盡得弟四果。分別或盡者，疑後三見，唯分別起，謂身見戒禁取邪見。問：

初果斷

一〇〇四 六品煩惱，如何説三？答：攝根門故，但説斷三，謂所斷中三随三轉，謂[五]邊

見随身見轉，見

一〇〇五 取随戒取轉，邪見随疑轉，故説斷三種已攝彼三根故。又釋凡趣異方有三種

障，

校注

【一】「以」，斯三九九四作「已」。【二】「言」，據斯三九九四補。【三】「出」，斯三九九四作「是」。【四】「三」，斯三九九四作「二」。

【五】「謂」，斯三九九四無。

一〇〇六 一不欲發，二迷正道路[一]，三執正道。趣解脱者亦尔，謂由身見怖畏，解脱不能發趣，由戒

一〇〇七 禁取[二]。疑邪道迷正路，由疑於道，深懷猶預，仏顯預流，永斷此故，故説斷三。即於世[三]弟一

一〇〇八 位作十六心觀，至道類智忍現觀之時，即得初果，名爲見道。故《俱舍》云：前十五見道

一〇〇九 見未曾見。故苦法智忍爲初道，類智忍爲後，其中揔有十五刹那，皆見道所攝見未

一〇一〇 見諦，故至弟十六心道類智時，无一諦理未見，今見如習曾見故，脩道攝大乘，不然，具

一〇一一 十六心方名見道，云云。弟五所被根者，衆生根性雖有无邊，聖教略明有其五種：

一〇一二 一者唯有聲聞乘性，二者唯有緣覺乘性，三者唯有菩薩乘性，四者唯有不定乘性，五者

一〇一三 无涅槃性。若聲聞乘性，唯以四諦等教[四]度之。若緣覺性，唯以十二緣法度。若菩薩性[五]，以六

校注

【一】「路」，斯三九九四無。【二】「禁取」，斯三九九四下有「故」。【三】「世」字是旁邊補寫。【四】「等教」，斯三九九四無。【五】「菩薩性」，斯三九九四無。

一〇一四 波羅蜜三性等度之。若不定乘性，隨其所應，以三乘法度之。若无涅槃性者，以人

一〇一五 天福戒度之。此論即被一切法性也。《涅槃》《法花》是一性機，即摠説一切衆生皆得作仏。

一〇一六 於涅槃會中作决定説，但是有心之人，亦不簡勝之与劣，設无行性皆得作仏。問：此言有

一〇一七 心取何等心？若取緣慮之心，即无性亦得作仏；若取真实之心，即草木无情亦得作仏，二

一〇一八 俱不可。答：即取无漏種子名爲有心，若尔定性二乘亦有，无漏亦應作仏，還是有過，今

一〇一九 取无漏中圓鏡等四智无漏種子，名爲有心。即由此義，四句分别：一自有真如非仏性，即草

一〇二〇 木等，二自有仏性非真如行仏性，三自有仏性亦真如，四智无漏種子是。四自有非仏性，

一〇二一 非真〔如〕[一]即遍計性是，如空花故。言阿耨多羅等者，阿之言无，耨多羅[二]云上，三之云正[三]，

校注

【一】「如」，據斯三九九四補。【二】斯三九九四無「等者阿之言无耨多羅」諸字。【三】「正」，斯三九九四無。

一〇二二 藐之言遍，後三名知，菩薩云覺，摠名无上正遍知覺也。言无上者，即顯平等
法界无
一〇二三 有上故。正者是如來緣真之智，緣真如故，故云正也。遍是如來緣俗之智，緣
俗〔二〕故言

一〇二四 遍也。知者即是仏。正體之智，斷二无知名智也。覺者是如來後得之智，出過
眠夢
一〇二五 故名覺也。下一覺字通貫上也。无著[二]論云：无上菩提是法身理，正等菩薩是
報身智，
一〇二六 故云[三]阿耨多羅，此顯菩提自相解脱相。三藐三菩提顯示菩提[四]者，人平
相，以菩提[五]
一〇二七 法故，得知是仏。又此四覺亦有所簡。一无上覺，揔也，即顯清淨法界。二正
覺，簡外道邪
一〇二八 覺故。三等覺，簡一[六]乘但了生空偏覺故。四又正覺，簡諸菩薩，菩薩因覺未
滿非正覺故。此
一〇二九 顯菩提[七]道，即四智品也。二有處説二者，《楞伽》云：大恵有二種，如來藏
謂空如來藏、不

校注

【一】「緣俗」，斯三九九四無。【二】「著」，斯三九九四作「着」。【三】「云」，斯三九九四無。【四】「菩提」，斯三九九四作「菩薩」。
【五】「菩提」，斯三九九四作「菩薩」。【六】「一」，斯三九九四作「二」。【七】「菩提」，斯三九九四作「菩薩」。

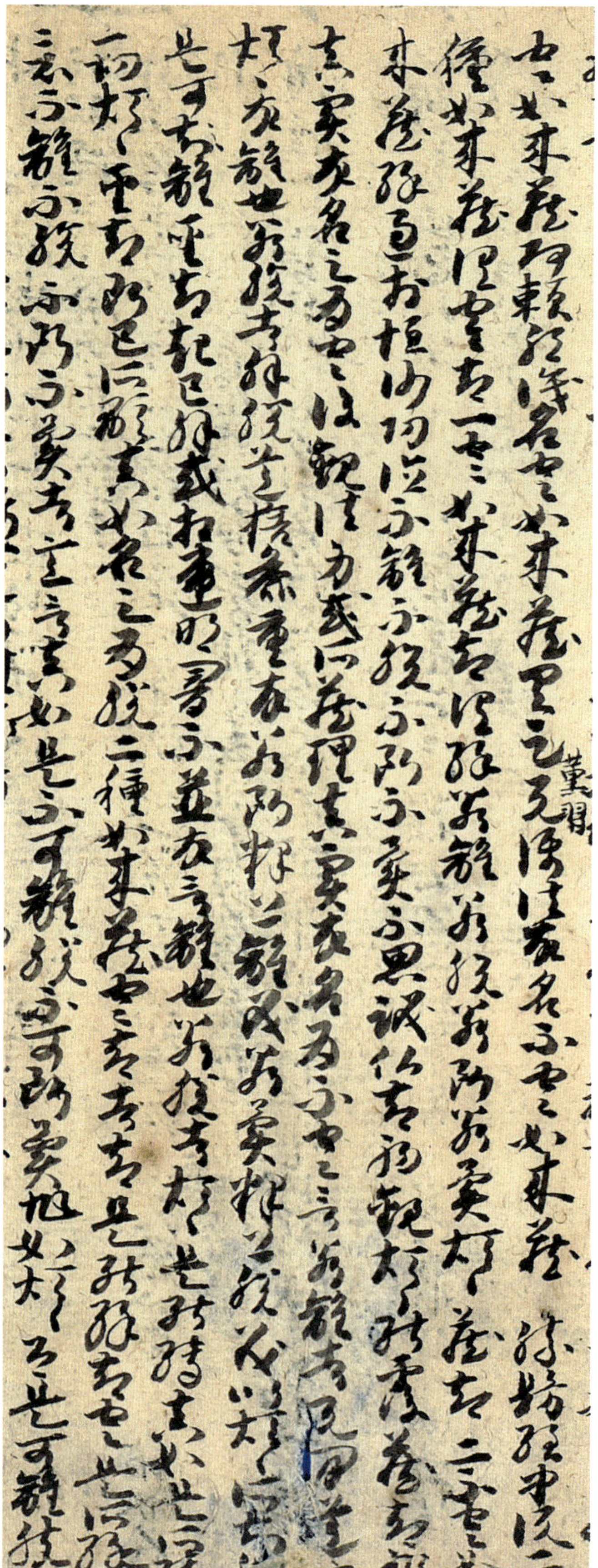

〔一〇三〇〕空如來藏，阿賴耶識名空如來藏，具足薰習〔一〕无漏法，故名〔二〕不空如來藏。

《勝鬘經》中說：二

〔一〇三一〕種如來藏謂空智，一空如來藏智謂緣，若離若脫、若斷若異，煩惱藏智。二不

空如

一〇三二 來藏，緣通於恒沙功德，不離不脱[三]、不斷不異，不思議仏智。初觀煩惱能覆藏智，非

一〇三三 真实故，名之爲空。後觀法身或所藏理真实故，名爲不空。言若離者，无間道害

一〇三四 煩惱故離也。若脱者，解脱道捨麁重故。若斷，釋上離義。若異，釋上脱義。以煩惱所知[四]體

一〇三五 是可離，聖智起已，解或相違，明闇不並，故言離也。若脱者，煩惱是能縛，真如是所縛，

一〇三六 一切煩惱聖智斷已，所顯真如，名之爲脱。二種如來藏空智者，智是能緣，智空是所緣。

一〇三七 竟不離不脱不斷不異者，意[五]言真如是不可離脱，不可斷異，非如煩惱即是可離脱

校注

【一】「薰習」，係旁邊補寫。【二】「名」，斯三九九四無。【三】「不脱」，斯三九九四無。【四】「知」，斯三九九四無。【五】「意」，斯三九九四作「鏡」。

也。種性有二：一无漏，二有漏。一无爲性，《勝鬘》云：在纏名如來藏，出纏名法身。即《涅槃》云：

師子吼者是决定説，一切衆生悉有仏性是也。二有爲性，在纏名多聞熏習法尔

〇四〇 種子，出纏名報身。《勝鬘》依无爲義，煩惱是能覆藏，真理爲所覆藏。《楞伽》[一]依

〇四一 有爲義，阿賴耶識爲能攝藏，種子名所攝藏，二種能藏，二種所藏，皆名如來藏。

〇四二 有種无種[二]等者，論云：有情本來種性差別，不由无漏種子有无，但依有障无障建

〇四三 立。《瑜伽論》説於真如境界，若有畢竟二障種者，立[三]爲不般涅槃法性。若有畢〔竟〕[四]所知

〇四四 障種非煩惱者，一分立爲聲聞種性，一分立爲獨覺種性。若无畢竟二障種者，即立[五]

〇四五 彼爲如來種性。西明云：有三師釋。一，月藏云種子唯本有。何以知之[六]？解云：《无盡意經》

校注

【一】「楞伽」，斯三九九四下有「經」。【二】「无種」，斯三九九四作「性」。【三】「立」，原字似「世」，據《成唯識論》卷二録。【四】「竟」，據斯三九九四補。【五】「立」，原作「世」，據《成唯識論》卷二改。【六】「之」，斯三九九四作「然」。

一〇四六 種子法尔故，故諸種子其性本有，如惡叉聚[一]也。難陀菩薩云：種子唯新熏。

有

一〇四七 問，何以知之？解云：多界[二]經説清浄諸法所熏習，非本有也，如麻香氣，花

香故生。麻，

〇四八 巨勝也。花，婆師花也。三，護法云：具二種子謂本有新熏。問：何以得知？答：《阿毗

〇四九 達摩經》云：諸法於識藏，識於法亦尔，更互爲果性，亦常爲因性。釋云：初〔句〕[三]以識爲

〇五〇 因，諸法爲果，弟二句[四]諸法因以識爲果，下之兩句結上因果，謂阿賴耶与七轉識諸雜

〇五一 深法互爲因緣，如炷生焰，如二蘆束種生現，現熏種亦尔。《地持》云：性種性等

〇五二 者，无始法尔，六處[五]殊勝展轉相續，此依行性有種性也。六處殊勝者有二釋。一云

〇五三 此即言摠，意別所言六處，意在弟六意處，此意處[六]攝弟八識。此識含藏三乘

校注

【一】「聚」，原作「彩」，又似點刪，據《成唯識論》卷二、《大佛頂如來密因修證了義諸菩薩萬行首楞嚴經》卷一録。【二】「界」，斯三九九四作「戒」。【三】「句」，據斯三九九四補。【四】「句」，斯三九九四缺。【五】「處」，原作「勝」，右側校改作「處」。【六】「此意處」，斯三九九四無。

一〇五四 无漏種子，无始至今相續不絶，得殊勝名。二云法尔无漏種子未現行，初發心
乃〔至〕[一]
一〇五五 成仏，有六處殊勝，謂從十信入〔十〕[二]住爲一殊勝，從十住入十行爲二，從
十行入十迴向爲三，

一〇五六 從十迴向入十地爲四，從十地入等覺爲五，入妙覺位爲六殊勝也。前新熏本有
義，
一〇五七 護法合云：謂有法尔，无漏種子方能斷障。《瑜伽》依障建立者，意顯无漏種
一〇五八 子有无，謂若全无无漏種者，彼二障種永不可害，即立彼爲非涅槃法等。三者
一〇五九 有三乘機以如來十力中弟四根上下智力，明所知境中亦有上中下性。四諦略明
一〇六〇 三門。一釋名。四者是數，諦者实義，唯聖知變，故名爲[三]聖諦。苦真是苦，
更无異
一〇六一 苦。《瑜伽》五十五云：諦義云何，如所[四]説相不捨離義，由觀此故到究竟清
浄地是
一〇六二 諦義，帶數釋也。苦者逼迫[五]煩惱所生義，集者感能生苦諦義，滅者寂浄義，
一〇六三 道者通因，能成三義。義者，此中苦事、苦理、苦如，乃至道諦有三亦尔。苦
事者，色

校注

【一】「至」，據斯三九九四補。【二】「十」，據斯三九九四補。【三】「爲」，右側似有點刪符號。【四】「所」，原作「何」，據《大正藏》本《法華玄贊》卷七改。【五】「迫」，原作「近」，據《法華玄贊》卷七及下文改。

一〇六四 心逼迫名苦事。理者，无常等。四如者，真如也[二]。二明廢立者。九十五云：

苦諦如諸

一〇六五　病體，集諦如諸病因，滅諦如病生已而得除愈，道諦如病除已令後不生。諸

一〇六六　有病者詣良醫所，但應尋求尔所正法；諸有良醫亦但應據尔所正法，是故

一〇六七　更无弟五聖諦。諸仏如來拔大毒[二]箭无上良醫，但宣說尔，所正法又如療病者

一〇六八　知病、病[三]因、病除之法；觀生死苦、苦因，滅苦、滅法亦尔。三出體者。有

情世間及器

一〇六九　世間，諸有漏法性逼迫故，皆是苦諦。集有二義。一感異熟无記果義，謂諸煩

惱

一〇七〇　及所[四]起業名爲集諦。餘无爲[五]法非集諦。有處說愛爲集諦者，由最勝故。

一〇七一　二爲因能得有漏果義，謂諸有漏在內身中，三性諸法能爲依因，有異熟者皆

一〇七二　是集諦。真如、擇滅、不動、想受諸滅，无爲名滅諦。《對法》云：真如聖道

煩

校注

【一】「也」，斯三九九四無。【二】「毒」，原字似「愛」，據《法華玄贊》卷七改。【三】「病」，斯三九九四作「已」。【四】「所」，斯三九九四無。【五】「爲」，斯三九九四作「記」。

一〇七三 惱不生名爲滅諦。此説滅依、能滅、滅性，正智所證真如境上有漏法滅，假实

合

一〇七四 明[二] 是滅諦相。真如是实，能滅智及所滅二死二障，解脱是假。无漏五蘊名

一〇七五 爲道諦，《對法》云資糧等五，皆名道諦。依自性及道屬以顯道諦。問：何故

須説

一〇七六 知苦斷集證滅脩道？五十五答云：由彼苦諦是四顛倒所依處故，爲除顛倒

一〇七七 故，應遍知苦，應遍知集。此二黑品究竟。既知苦已，仍爲集諦之所隨逐，故

次

一〇七八 説斷集諦。集諦必緣得觸證者，是現見義，由於滅諦現前，見故不生悕畏故。

若勤

一〇七九 明乃能成辦所説三義，是故説脩道諦。此二是白品究竟。十二因緣略述五門：

一〇八〇 一出體，二釋名，三依世，四諸緣生攝，五廢立釋妨[二]。出體者，无明支體。

《成

一〇八一 唯識》云：此中无明，唯取能發正感後世善、惡業者。又云：正發業者唯見所

一〇八二 斷，助者不定。即煩惱障中正取分別及兼取任運愚癡爲體，謂諸煩惱分別者，

一〇八三 正發業俱生者，助發業任生正潤分別助潤行支體，通善不善三業，唯感

校注

【一】「明」，《法華玄贊》卷七無。【二】「妨」，斯三九九四作「防」。

一〇八四 揔報及通感揔別二業爲性。唯可報業即非行支。故《唯識》云：即彼所發乃

一〇八五 名爲行。由此一切順現受業、別助當果皆非行支，亦通現種、色思爲體。《瑜

伽》第九
一〇八六 云：行支者，身語意三業爲性。十一色中身語二表色聲爲體，二種无表法處色
中，
一〇八七 受所行色爲性。若意思遍行中爲體，三業中唯思是实，色等假故。支
一〇八八 者唯取弟八異熟識種爲體。故《唯識》云：此中識種謂本識因。唯識[一]取行支
所集異
一〇八九 熟弟八識種，初結生故；揔異熟故，唯在種位不取現行。名色支者，《唯識》
云：此中
一〇九〇 識種謂本識因；除後三因，餘因皆是名色種攝。後之三因，如名次弟即後三
種。弟
一〇九一 八相應，想思作意及異熟六識相應，想思作意别境有五及不定中眠，謂
一〇九二 異熟六根種名六處支，異熟觸受種名觸受支，除本識種及此三種，諸除異
一〇九三 熟藏種，皆名色攝。愛支體者，唯取中下品貪，此雖通緣内外二果，諸論多

校注

【一】「識」，斯三九九四缺。

一〇九四 取緣外境愛增上果生。取支體者，《唯識論》通取一切煩惱以爲自性，故云雖

取支

一〇九五 中攝諸煩惱，而愛潤勝，説是愛憎。且依初後分愛取二，实通餘或。愛、取二

支

一〇九六 通現及種，俱能潤故。有支體者即取行等六支爲愛、取潤，轉名爲有。有説唯

一〇九七 業。故《瑜伽》弟十云：二是業道，即行及有。《唯識》合云此能正感異熟果

故。生支體

一〇九八 者，《唯識》云：始從中有至本有中，未衰變來，皆生支攝，諸衰變位揔名爲

老，身

一〇九九 壞命終，乃名爲死。此二支體皆通五蘊，唯是現行異熟果攝。憂悲苦惱因老

一一〇〇 死起，非是支攝。《十地經》云：死别離時，意根相對名憂，五根相對名苦，

啼哭名悲，

一一〇一 愚人心熟[一]名惱。在下二界具色等支，无色不尒。釋名者，《瑜伽》五釋。一

云煩惱繫縛，

一一〇二 往諸趣中數數緣起，故名緣起，依緣處起名緣起。二依託衆緣速謝滅已，續

校注

【一】「心熟」，斯三九九四作「以執」，《法華玄贊》卷七作「心熱」。

二〇三 和合生故名緣起。三衆緣過去而不捨離，依自相續而得生起，故名緣起。如説此

二〇四 有故彼有，此生故彼生，非餘。此有故彼有者，顯无作緣生義。此生故彼生者，顯无

二〇五 常緣生義。非餘者，唯因有緣、果法得有，非緣有实作用能生果法，亦非无生

法爲因。

二〇六 餘釋如論三依世者，《成唯識》云：十因二果定不同世，要生後報方名爲支，

現報

二〇七 非故。謂過去十支因，現在二支果；現在十支因，未來二支果。因中前七与

愛、取

二〇八 有或異或同。生報定後報便異，謂過去七、現在三、未來二故。若二三七各

定，

二〇九 同世者生老死二，愛取有三，及前七支各定同世，勢相生故，力相似故。四諸

緣

二一〇 生攝者，《瑜伽論》說四種緣生。一能引，謂无明行，謂由无明發行業已，令

新熏種有

二一一 单果用，故名能引。二所引，識名色六入觸受，謂本識內能生五果，名言種子

二一二 是因緣性，爲簡業是增上緣故，説五種名爲親生，唯取能生弟八心種。三能

一二三 生支，謂愛、取、有，能生當來生老死故。四所生支，謂生老死，由愛等三近

所

一二四 生故。五釋妨[二]癈立者，問：老死相別，何故合爲一支？答：老非定有，附死

立支，以中天

一二五 者雖无有老定有死故。病何非支，不遍定故。謂不遍諸趣生故，設諸趣生有病

二一六 之[二]處，亦非定有，如薄俱羅一相續中部无病故。老雖不定，遍故立[三]支，謂諸界趣

二一七 生除中夭者，臨命終時皆有衰朽行故。名色不遍，何故立支？謂四生中不遍化生

二一八 於三界中。色无色界全，欲界一分化生之[四]者，如何立支？答：定故立支，謂除化生，餘胎

二一九 等三六處未滿定有名色，雖不遍在界趣及生而定故立支，又名色支亦是

二二〇 遍有，有色化生，初受生位，雖具[五]五根而未有用，尔時未名六處支故。初生无色

二二一 雖定有[六]意[七]根而不能[八]明了，未名意處故。愛非遍有，定[九]別立支，墮惡趣者，不愛彼

校注

【一】「妨」，斯三九九四作「防」。【二】「之」，斯三九九四作「是」。【三】「立」，原作「与」，據《成唯識論》卷八、《般若波羅蜜多心經贊》卷一改。【四】「之」，斯三九九四作「是」。【五】「具」，斯三九九四作「集」。【六】「有」，斯三九九四作「唯」。【七】「意」，原字似「立」，據《成唯識論》卷八録。【八】「不能」，斯三九九四作「未」，《成唯識論》卷八無「能」。【九】「定」，《成唯識論》卷八作「寧」。

一二二 故。此有二釋。一云定故別立，謂不求无有，生善趣者，定有愛故。不還潤生，愛

一二三 雖不起，然如彼取，定有種故。又愛亦遍，是弟二釋生惡趣者，於現我境亦有愛

一二四 故。依无希求惡趣身愛，經説非有，非彼全无。如是十二重因果之表輪迴，施

設兩

一二五 重，实爲无用[一]。大乘十因二果具發及潤因緣，增上一重因果之[二]表輪轉及離斷

一二六 常。薩宗：過去二因感現五果，現在三因得後二果。故此非之。若依《俱舍》一剎那須

一二七 由貪行煞具十二支，癡謂无明，思即是行，於諸境事了別名識。識俱三蘊，摠攝名

一二八 色，住名色根，説爲六處。六處對餘，和合名觸，領納名受，貪即是愛，与此相應，諸

一二九 纏名取，所起身語二業名有，如是諸法起名生，生熟變異名老，滅壞名死。今者

一三〇 大乘，八識俱起，煩惱齊生，与彼不同，更有多義，如餘處説。六度義有通[三]有別通

校注

【一】「用」，斯三九九四作「明」。【二】「之」，斯三九九四作「是」。【三】「有通」，斯三九九四作「通有」。

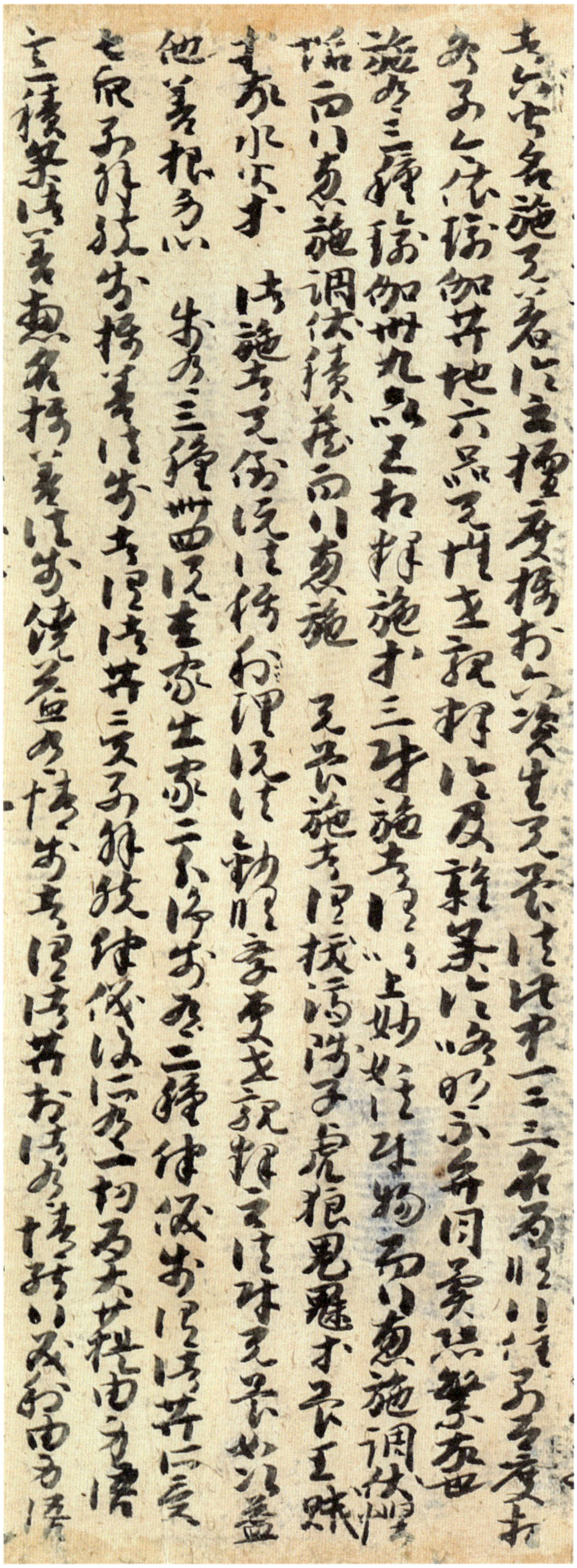

者，亦皆名施。无著論云：檀度攝於六，資生无畏法，此中一二三，名爲脩行住。別即度相各別，今依《瑜伽》菩薩地六品[一]无性，世親釋論及《雜集論》略明不弁同異，恐繁故也。

一二三 施有三種，《瑜伽》卅九品，五[二]相釋施等三。財施者，謂以上妙如法財物而
行惠施，調伏慳
一二四 垢而行惠施，調伏積藏而行惠施。无畏施者，謂拔濟師[三]子虎狼鬼魅等畏、王
賊
一二五 等故、水火等。法施者，无倒説法，稱理説法，勸脩斈處。世親釋云：法財无
畏，如次益
一二六 他善根身心。戒有三種：卌四説在家出家二分浄戒，有二種，律儀戒謂諸菩薩
所受
一二七 七衆别解脱戒；攝善法戒者，謂諸菩薩受别解脱律儀後，所有一切爲大菩提，
由身語
一二八 意積集諸善，摠名攝善法戒。饒益有情戒者，謂諸菩薩於諸有情能行義利。由
身語

校注

【一】「地六品」，斯三九九四作「地六□□品」。【二】「五」，斯三九九四作「无」。《瑜伽師地論》卷三十九：「當知此施略有五相。」

【三】「師」，斯三九九四作「獅」。

二三九 所集諸善名攝善。善謂於戒[二]於脩思止觀，精懃脩斈於尊長所。我事病者，瞻
覲
二四〇 供給。於説法者施已善哉。[三]一切福業皆生隨喜。忍有三種。《瑜伽忍品》
云：一耐惡害
二四一 忍，謂苦現前時，如是對治，此皆是我自業過耳，由我先業，今受此苦。安受
苦忍者，

一四二 菩薩思擇[三]：我今爲求能引安樂最勝善品，應當忍受百千俱胝大苦等。勝解忍者，謂

一四三 於一切法能正思擇[四]善安勝解。《唯識》、无性皆云：諦察法忍是前二忍所依止處，堪忍皆

一四四 深廣大法相故。精進三種者：一擐甲精進，謂菩薩加行，其心勇悍，先擐誓甲，若我

一四五 爲脫一有情苦，以千大劫等一日夜，處那落迦，經尔所時，設使過此，我之勇悍无退

一四六 等。二攝善精進者，謂[五]諸菩薩所有精進，能爲法度加行成辦等。[六]饒益

校注

【一】「戒」，斯三九九四無。【二】參見《瑜伽師地論》卷四十：「謂諸菩薩依戒住戒。於聞於思於修止觀於樂獨處。精勤修學。如是時時於諸尊長，精勤修習合掌起迎問訊禮拜恭敬之業。即於尊長勤修敬事。於疾病者悲愍殷重瞻侍供給。於諸妙説施以善哉。」【三】「擇」，原作「釋」，據《瑜伽師地論》卷四十二改。《瑜伽師地論》卷四十二：「皆由無智思擇過失。我今爲求能引安樂最勝善品，尚應思擇忍受百千俱胝大苦。」【四】「擇」，原作「釋」，同前改。【五】「謂」，斯三九九四無。【六】《瑜伽師地論》卷四十：「謂諸菩薩所有精進，能爲施戒忍精進靜慮慧波羅蜜多加行，能成辦施戒忍精進靜慮慧波羅蜜多。」

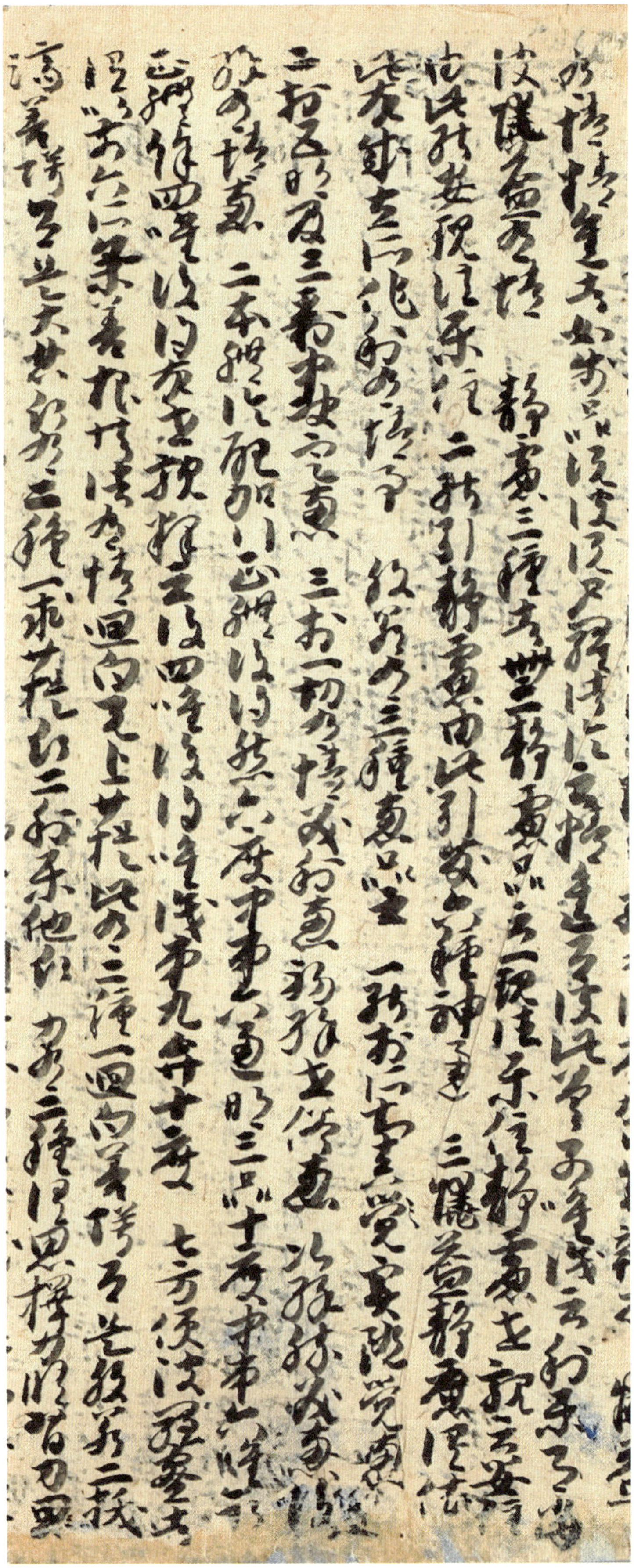

二四七 有情精進者，如《戒品》説，彼説〔一〕尸羅，諸論云精進，即彼此差別。《唯識》云：利樂即當

二四八 彼饒益有情。靜慮三種者，卌三靜慮品云：一現住樂住靜慮，世親云安住「靜慮者」〔二〕，

二四九 由此能安現住樂住；二能引靜慮，由此引發六種神通；三饒益靜慮，俱依

二五〇 此故，成立所化利有情事。般若有三種，《惠品》云：一能於所知真实隨覺
惠，
二五一 二於五明及三聚中决定惠，三於一切有情義利惠。初緣世俗惠，次緣勝義惠，
後
二五二 緣有情惠。二本體論配加行正體後得，然六度中弟六[三]通明三品，十度中[四]弟
六唯取
二五三 正體，餘四唯後得故。世親釋云：後四唯後得。《唯識》弟九弁十度。七方便
波羅蜜者，
二五四 謂以前六所集善根共諸有情，迴向无上菩提。此有二種：一迴向善巧即是般
若，二拔
二五五 濟善巧即是大悲。願有二種，一求菩提願，二利樂他願。力有二種：謂思擇
力、脩習力。思

校注

【一】「説」，斯三九九四無。【二】「静慮者」，據《解深密經疏》卷八補，見《卍續藏經》第三五册，第五〇頁。【三】「弟六」，斯三九九四無。
【四】「中」，斯三九九四無。

擇力思惠爲性，脩習力脩惠爲性，智有二種：一受用法樂智，二成就有情智。

《瑜伽》卌

九云：復有異門无量智説名方便善巧，希求後後智殊勝性，名爲願度，一切魔

怨不壞道性，名爲身度，如实了知所知境性，名爲智度。出體者，施以[一]无貪

善根爲
一五九 戒，以受學菩薩戒時三業爲性，忍以无[二]嗔所起三業爲性，懃以精懃[三]及彼所起三業爲
一六〇 性[四]。静慮但以等持[五]爲性，後五皆以擇法爲性[六]，説是根本後得智。故此説自性若并
一六一 眷屬一一皆以一切俱行功德爲性。即通五蘊所言度者，具七攝受方成度相。一安
一六二 住最勝，謂要安住菩薩種性。二依止，謂要依止大菩提心。三意樂[七]，謂悲愍有情。四事
一六三 業，謂要具行一切事業。五巧便，謂无相智攝受。六迴向，謂迴向无上菩提。七清淨，
一六四 謂離二障相離。此六應以四句分別，一施而非度，二度而非施，三亦施亦度，

校注

【一】「以」，斯三九九四作「已」。【二】「无」，斯三九九四缺。【三】「精懃」，斯三九九四作「精近勤」。【四】「爲性」，斯三九九四無。【五】「但以等持」，斯三九九四作「但持」。【六】「性」，斯三九九四無。【七】「意樂」，斯三九九四下有「最勝」。

二六五 四非施非度，云云。問：何故唯六度不增不減耶？答：爲治六障，謂布施治慳貪等，

二六六 又前四度是不散因，次一不散成就。此爲依故，如實等覺諸法真義，便能證得一切

二六七 仏法。此皆《攝論》文。《雜集》十一云：有二種道，一增上生道，立前三度，二决定勝道[一]，立後
二六八 三度。謂施感大財、戒感大體、忍感眷屬、懃能感伏。或[二]静慮發通成就有〔情〕[三]
二六九 由有恵故，能除二障成就仏法。又《攝論》弟七云：問何故唯六數耶？答：謂成立對治
二七〇 所治障故，證諸仏法所依處故，随順成就諸有情故。言謂彰者，謂治不發趣[四]因，俱
二七一 著財位及著室家。説初二度，爲治雖已發趣後退還因，衆苦癈怠，智忍及
二七二 進爲治，雖〔不〕[五]復後退而失壞因，散動邪恵，立定及恵。又云：由施攝生，由戒不害，

校注

【一】斯三九九四無「仏法此皆攝論文雜集十一云有二種道一增上生道立前三度二决定勝道」諸字。【二】「感伏或」，斯三九九四作「能斷滅」。【三】「情」，據斯三九九四補。【四】「趣」，斯三九九四無。【五】「不」，據斯三九九四、《攝大乘論本》卷二補。《攝大乘論本》卷二：「爲欲對治雖已發趣不復退還而失壞因。」

二七三 由忍故雖〔害〕[二]能變，由精進助彼應有所堪，能從此已後令彼得定。得定
者，由般若故，便得
二七四 解脫。問：何故如是次弟耶？答：有三次弟，謂引發次弟、治淨次弟，謂由前
前引發後，
二七五 及由後後治淨前前，又前前麁後後細，細故，易難脩習，如次應知。又前五福

德，後一智

二七六 惠。又精進靜慮通二義，若爲福德而精進者，即福德攝；若爲智惠而精進，

二七七 即惠攝也。又以行淨脩起入住，如次配六種度[二]。三種病人者，弟一得定壽

命，如北單

二七八 越人，定壽千年；弟二不定命人；弟三命盡人。初菩薩，次二乘，後闡提。

問：菩薩性如何遇

二七九 与不遇俱能發心？答：《瑜伽》云由四種緣而能發心。一者，見仏神通。二聞

仏説法。三見末世

二八〇 法增法滅，所有袈裟變爲白色，所入法教没入龍宮。四者見時惡處，衆生飢饉

二八一 疾病刀兵。由此四種皆能發心。此四之中，初二即遇緣發心，後二不遇緣發心

也。一闡提者，

二八二 《涅槃》約五力釋云：一闡名信，提名不具，信不具故，名一闡提。仏性非信

者，非有爲也，衆生非

校注

【一】「害」，據斯三九九四、《攝大乘論本》卷二補。《攝大乘論本》卷二：「由忍波羅蜜多故，雖遭毀害而能忍受。」【二】「度」，斯三九九四無。

一八三 具者，謂无有爲善以顯發也。以无善巧不能契會樂，著生死五欲境界，仍起邪
見，焚
一八四 燒善根，即有爲善不具也。其无爲理即不可燒，故云仏性非信也。弟二大悲菩

薩不不樂涅槃。准四卷《楞伽》及十卷弟八云：盡一切衆生界不入涅槃者，且如菩薩[一]初地已去，必不造新業，設令身中无數恒沙故業，由不造新業故，應有盡期。如何不入涅槃，常在生死？答：分假故業盡受變易身，由此不入涅槃。若尔，受變易身与仏化生[二]，何別仏身微妙，衆生不見別起化身，令衆生見。今此菩薩受變易身漸漸微細，衆生不見，應別起一化身，令衆生見。由此与成仏教化衆生何殊。若云在初地中受分段身者，即有如前故業應盡之妨。若就八地變易解者，即与仏无殊之妨。答：多是〔地〕[三]前菩薩造生死業，无

校注

【一】「菩薩」，斯三九九四無。【二】「化生」，斯三九九四無。【三】「地」，據斯三九九四補。

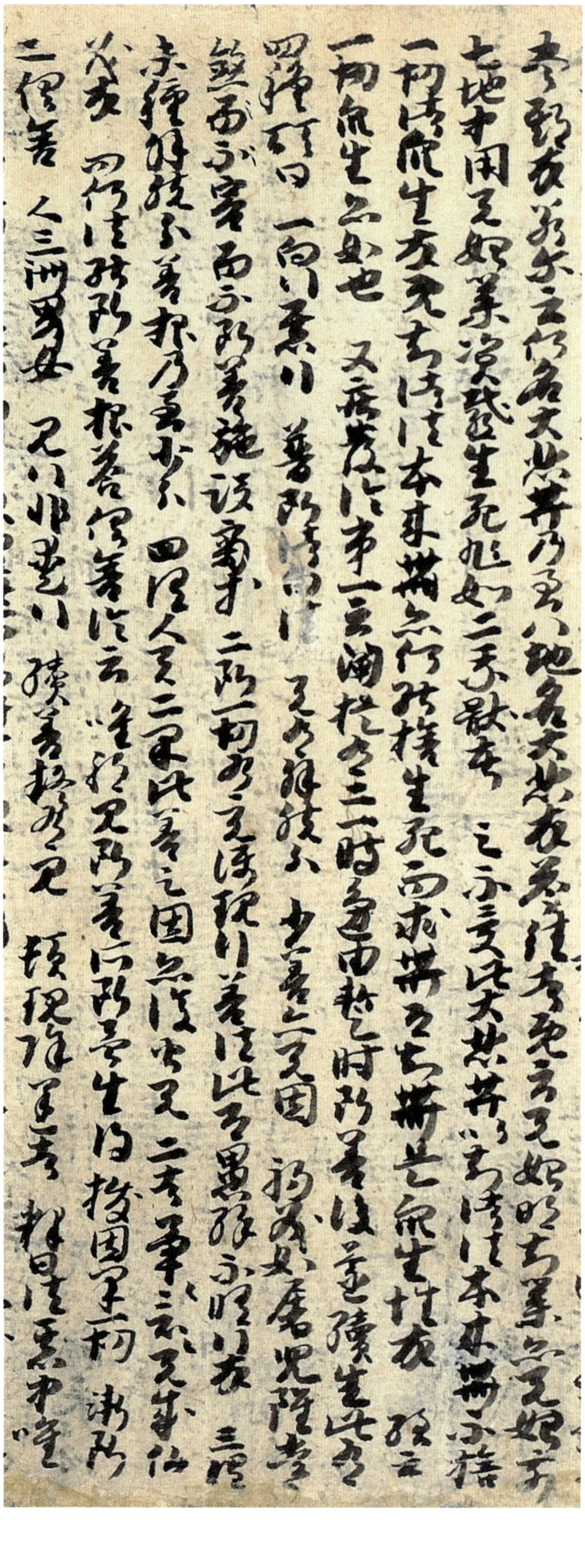

二九一 〔得〕〔二〕盡期故。若尔，云何名大悲菩薩，乃至八地名大悲故？答：往者〔三〕既
云无始，明知業亦无始，前
二九二 七地中用无始業資感生死，非如二乘猒苦之不受。此大悲菩薩以知諸法本來涅
槃，不捨

一九三 一切諸衆生故。既知諸法本來涅槃，亦何能捨生死而求涅槃，即知涅槃是衆生性故。經云：

一九四 一切衆生亦如也。又《莊嚴論》弟一云：闡提有二，一時邊由暫時斷善，後還續生，此有

一九五 四種。頌曰：一向行惡行，普斷諸向法，无有解脱分，少善亦无因。初義如屠兒雖常

一九六 煞害而不斷善施設齋等。二斷一切有无漏現行善法，此即愚緣不脩行故。三謂

一九七 未種解脱分善根乃至少分。四謂人天二果，此善之因亦復皆无。二者單言，單言无成仏

一九八 義故。問：何法能斷善根？答：《俱舍論》云唯邪見斷善，所斷欲生得，拔因果一切，漸斷

一九九 二俱舍，人三洲男女，見行非愛行，積善疑有見，頓現除迷者。釋曰：諸惡〔業〕[三]中唯

校注

【一】「得」，據斯三九九四補。【二】「往者」，斯三九九四作「古」。【三】「業」，據斯三九九四補。

二二〇〇 有上品圓満邪見能斷善根，謂此所斷，唯欲界生得善，色无色善先不成故。緣

二二〇一 何邪見能斷善根？謂定撥无因果邪見。无因者，謂无妙行无惡行。无果者，无

彼果異

二二〇二 熟。漸斷善根，謂九品善根由九品邪見逆順相對，漸次而斷，如脩道斷脩所斷

或，即

二〇三 下下見品邪見斷上上品善根，下下[一]品善根斷上上品邪見。所斷人即三洲能斷。非三惡趣

二〇四 者，无邪見染不染，非堅牢故。非北洲者，无我所故，以无極惡斷世邪[二]故，无妄意樂故。

二〇五 非上界者，以无嗔故。非欲天者，了因果故。唯見行者，惡斷世邪〔見〕[三]，極堅染故。非愛[四]行人，

二〇六 以彼世邪極躁動故。亦非肩掃，是愛行類故。有此類人，如惡趣故。非得爲體，以

二〇七 斷善根位，善得不生故。非得續生替善根故。非得生位，名斷善根。問：何時續者？

二〇八 由疑有見，於因果中有時生疑，此或應有，或生正見。又說：九品漸續，如是說者，頓續

校注

【一】「下下」，原作「小小」，據《阿毗達磨大毗婆沙論》卷三十五改。【二】「邪」，斯三九九四無。【三】「見」，據斯三九九四補。【四】「愛」，斯三九九四作「梵」。

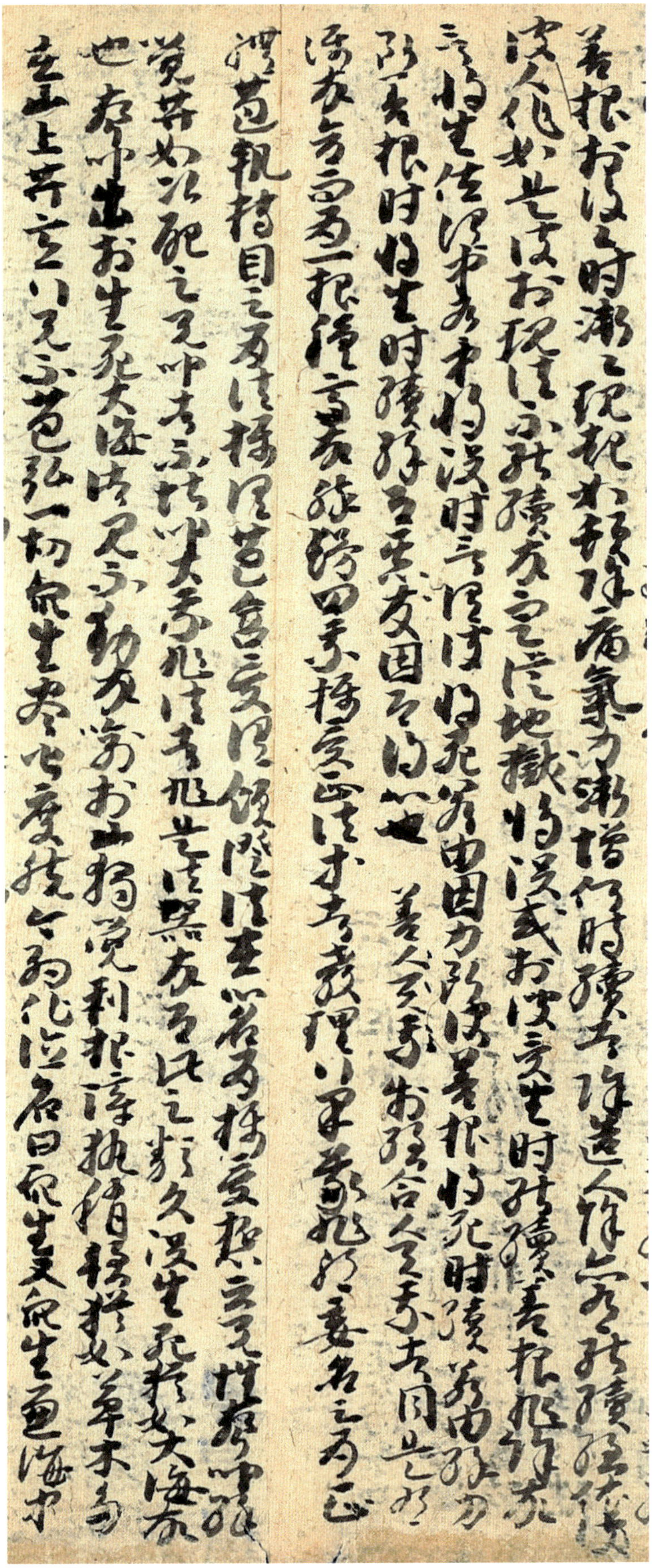

三〇九 善根，於後後時漸漸現起，如頓除病氣力漸增。何時續者，除造〔逆〕[二]人餘亦有能續。經依

三一〇 彼人作如是〔說〕[三]，彼於現法不能續故，定從地獄將没，或於彼受生時能續善根，非餘故。

三一一 言將生位，謂中有中。將没時言，謂彼將死。若由因力斷彼善根，將死時續。

若由緣力

三二二 斷善根時，將生時續。緣即惡發，因即得心也。善於經合。人天乘者，同是有
三二三 漏，故合而爲一，根種齊故。《勝鬘》四乘攝受正法等者，教理行果，義非邪
妄，名之爲正，
三二四 體苞軌持，目之爲法。攝謂苞含，受謂領，證法在心，名爲攝受，揔云无性。
聲聞緣
三二五 覺菩薩如次配之。无聞者，不堪聞大乘。非法者，非是法器。故即此之類久没
生死，猶如大海故
三二六 也。聲聞出於生死大海，諸見不動，故喻於山。獨覺利根障執稍輕，猶如草木
多
三二七 在山上。菩薩意行无不苞弘，一切衆生盡皆度脱，今約化德，名曰衆生。又衆
生遍海中

校注

【一】「逆」，據《阿毘毗達磨俱舍論》卷十七補。《阿毘毗達磨俱舍論》卷十七：「亦有能續，除造逆人。」【二】「説」，據《阿毘毗達磨俱舍論》卷十七補。

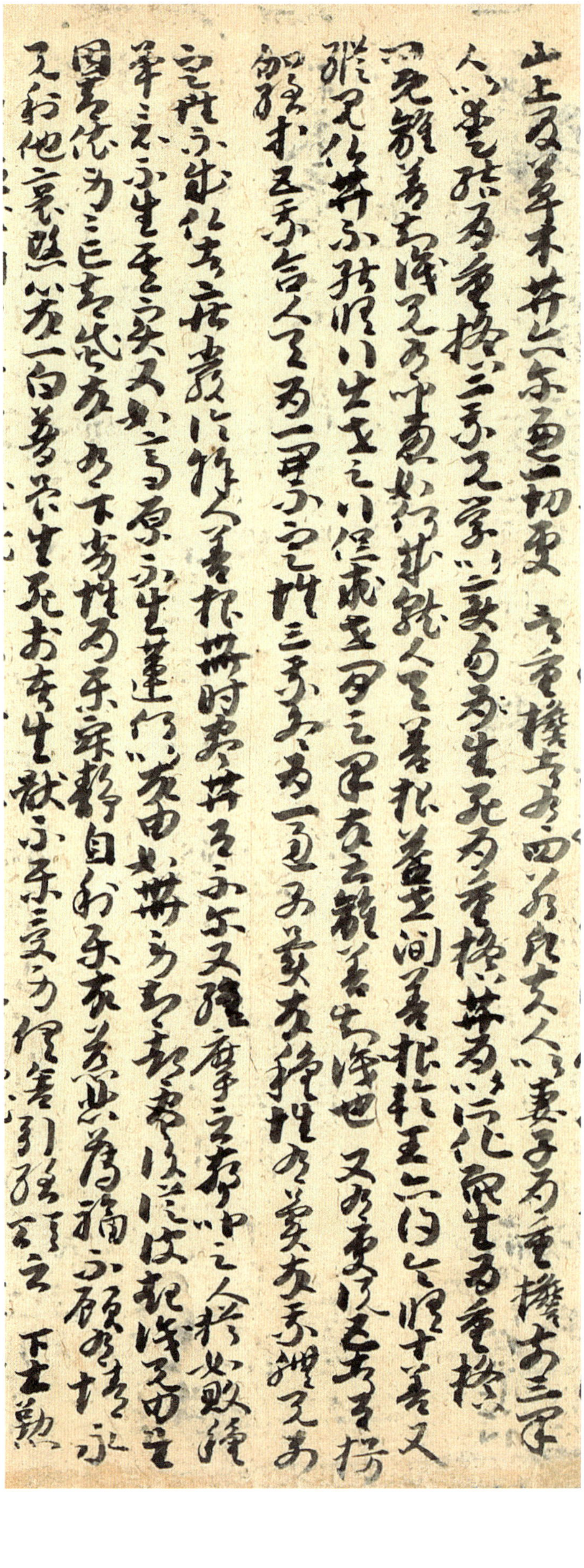

三二八 山上及草木，菩薩[一]亦尔，遍一切處。言重擔者有四，若凡夫人以妻子爲重

擔，前三果

三二九 人以愛結爲重擔，三乘无學以變易生死爲重擔，菩薩[二]以所化衆生爲重擔。

三三〇 問：既離善知識无有聞惠，如何成就人天善根？答：世間善根輪王亦得令脩十

善，又

三三一 縱見仏菩薩不能脩行出世之行，但求世間之果，故云離善知[三]識也。又有處説，五者即《楞

三三二 伽經》等五乘，合人天爲一，開不定性，三乘各爲一，通別異故，種性有異故，我體无別

三三三 定性。不成仏者，《莊嚴論》：除人善根涅槃時盡，菩薩即不尔。又《維摩》云：聲聞之人，猶如敗種，

三三四 畢竟不生其实。又如高原不生蓮[四]。何以故？由如[五]涅槃身智都盡，後從彼起識无由主[六]，

三三五 因智依身，身亡智滅故。有下劣性爲樂寂静自利樂故，慈悲薄福不顧有情永

三三六 无利他哀愍心故，一向普[七]畏生死於苦，生猒不樂受身。《俱舍》引經頌云：下士懃

校注

【一】「菩薩」，斯三九九四無。【二】「菩薩」下，原有「爲」，據前文文例删。【三】「知」，斯三九九四無。【四】「蓮」，斯三九九四作「蓮花」。【五】「如」，斯三九九四作「入」。【六】「主」，斯三九九四無。【七】「普」，斯三九九四作「怖」。

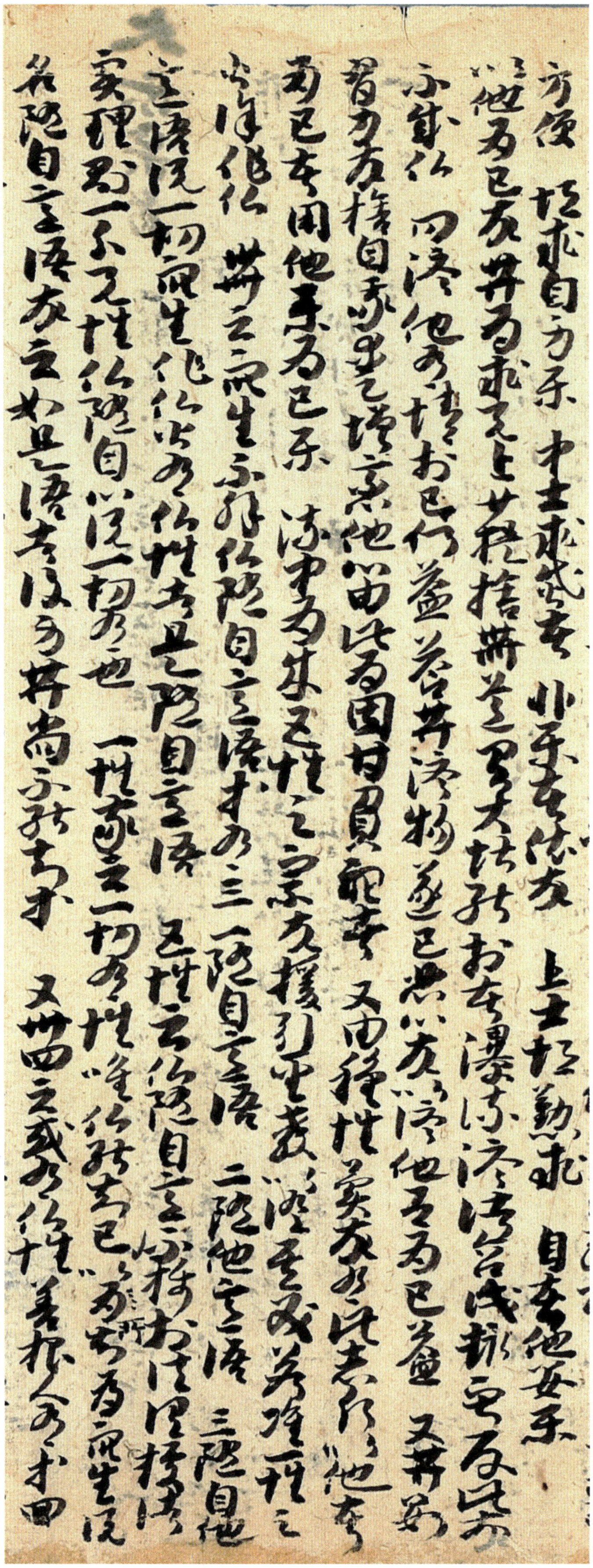

三三七 方便，恒求自身樂[二]。中士求滅苦，非樂苦依故。上士恒懃求，自苦他安樂。

三三八 以他爲己故，菩薩爲求无上菩提，捨涅槃道，具大堪能，於苦瀑流濟諸含識，

趣寂反此，故

三三九 不成仏。問：濟他有情於己何益？答：菩薩濟物遂己慈心，故以濟他即爲己

益。又菩薩數習力故，捨自我愛憎戀他心，由此爲因甘負衆苦。又由種性異故，有此志願，以他苦爲己苦，用他樂爲己樂。疏中爲成五性之宗，故援引聖教以證其義。若准一性之皆餘作仏。《涅槃》云：衆生不解仏随自意語等有三，一随自意語，二随他意語，三随自他意語[二]。説一切衆生作仏皆有仏性者，是随自意語。五性云：仏随自意不攝於法，謂據諸实理則一分无性，仏随自心説一切有也。一性家云：一切有性，唯仏能知，以己所[三]知爲衆生説，名随自意語。故云：如是語者，後身菩薩尚不能知等。又卅四云：或有仏性、善根人有等四

校注

【一】「樂」，斯三九九四作「利樂」。【二】「三随自他意語」，斯三九九四無。【三】「所」字是旁邊補寫。

二三六 句[一]，若我弟子解如是義[二]，不應難言，一切衆生定有仏性、定无仏性等。若言衆生悉有

二三七 仏性，是名如來随自意語，随自意語，衆生云何一向作解？釋此四句，兩家不同。五性云：此文證一分

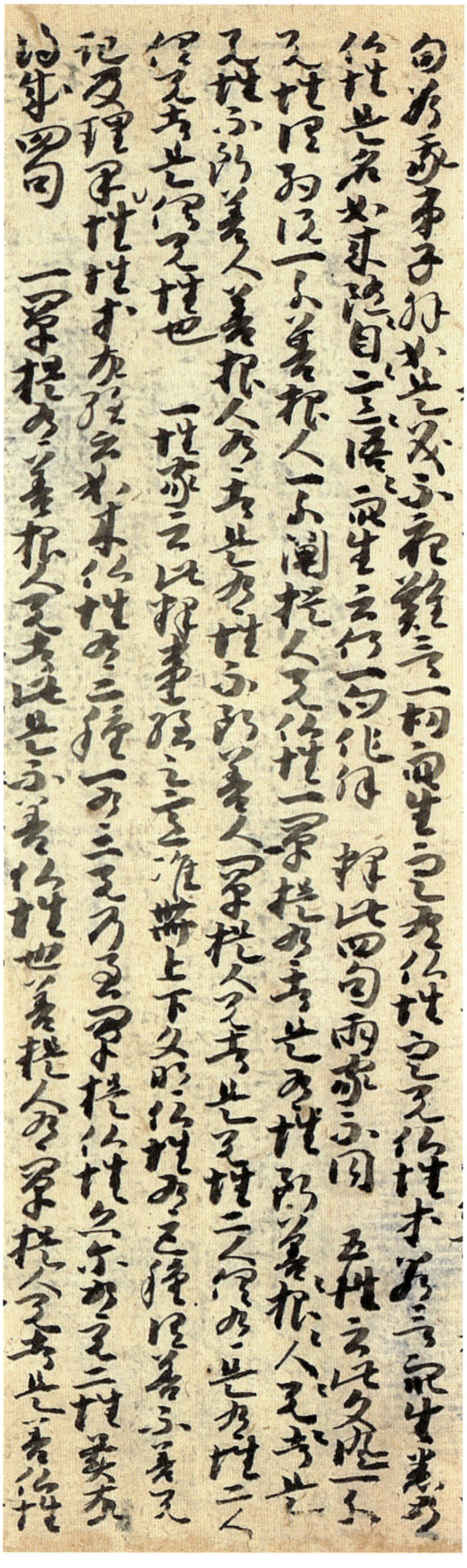

二三八 无性，謂約說一分善根人、一分闡提人无仏性。一闡提有者，是有性斷善根人无。善根人无者，是

二三九 无性不斷善人。善根人有者，是有性不斷善人。一[三]闡提人无者，是无性二人俱有，是有性。二人

二四〇 俱无者，是俱无性也。一性家云：此釋違經之意，准《涅槃》上下文明仏性有五種，謂善不善、无

二四一 記及理性、果性[四]等。故經云：如來仏性有二種，一有二无，乃至闡提，仏性亦尔。有无二[五]性異故，

二四二 得成四句，一闡提有，善根人无者，此是不善仏性也。善根[六]人有，闡提人无者，是善仏性

校注

【一】「四句」，斯三九九四無。【二】「義」，斯三九九四作「語」。【三】「一」字是旁邊補寫。【四】「性」，斯三九九四無。【五】「二」，斯三九九四無。【六】「根」，原作「提」，據斯三九九四改。

二四三 也。闡提斷一切善，故无也。善根人者，一是離欲人，離欲人斷一切不善故；二是五地菩薩，无不善性。

二四四 故二人俱有者，理及无記性也。二人俱无者，俱无果性也。此中有者，是據現

說，非曾當也，

二四五 皆云謗仏法僧者[一]也。一性[二]云：仏性多種，无一衆生有一切，无一衆生无一

切，一切衆生皆有有无二義。若云

二四六 定有，即謗无定，无即謗有也。一性家即寶法師仏性論，說[三]一切作仏。五性

家者，即淄洲沼法

二四七 師造《惠日論》，明一分衆生不成仏。喻云：猶如塼瓦不生耳，上來三乘之中

或有一種一性、

二四八 一種二性、一種三性、定不定性，有差別故。又《瑜伽》云：入无餘涅槃者，

謂不[四]趣利益衆生事業，謂

二四九 有爲性哀愍者，而於他所常起悲憐示与其義樂，与其利樂，与其樂樂，与獨

二五〇 獨樂，与安穩故。今者入无餘依，灰身滅智，性同太虛，更不復起，故息事業

也。小乘有餘

校注

【一】「者」字是旁邊補寫。【二】「一性」，斯三九九四下有「釋」。【三】「說」，斯三九九四上有「五」。【四】「不」，斯三九九四下有「發」。

三五一 依者[一]，有苦所依名爲有餘，无餘依身名爲无餘。大乘有功德有患，名曰有

餘，二障永斷

三五二 名曰无餘，云云。弟六造論年主中分，初陳異家，後列自主。陳異家中分二，

初

二五三 外道，後二乘。陳外道者，外道雖有九十五種，大意不過十六異論，廣如《瑜伽》弟六七卷，尋

二五四 伺地，《顯揚》弟九、弟十説。彼論皆云：一因中有果宗，謂兩衆外道。由教及理，執法因中常有〔果〕[二]

二五五 性。教者謂彼先師所造，隨文轉授，傳至于今。理者即彼外道爲性，尋伺爲性，觀察

二五六 等，如米以穀爲因，欲求米時唯種於穀，米定從穀生，不從麦生。故知穀因中先

二五七 已[三]有米，不尔應立一切法[四]從一切法[五]生。二從緣顯了宗，謂即僧法師計一切法自性本

二五八 有。從衆緣顯，非緣所生。若非緣顯，果先是有，後從緣生，不應道理。聲論者言，聲體

校注

【一】斯三九九四無「依灰身滅智性同太虛更不復起故息事業也小乘有餘依者」諸字。【二】「果」，據斯三九九四補。【三】「已」，斯三九九四作「自」。【四】「法」，《大乘法苑義林章》卷一無。【五】「從一切法」，斯三九九四無。

三五九 是常而相本有，无生无滅，體由數數宣吐顯了。三立成实有宗，謂勝論及計時

外

三六〇 道，計有去來，猶如現在实有非假，雖遍小乘，今取外道。四計我实有宗，謂

獸主

二二六一 等皆作此計有我、有薩埵，有命者、生者等，由起五覺知有我也。謂見色時，

薩埵等。

二二六二 五諸法皆常宗，謂伊師迦計，我及世間皆是常住，即計全分[一]、一分常等，計

極微常，

二二六三 亦此所攝，謂執常住非作、非作所作、非化所化，不可損壞。六諸因宿作宗，

謂離繫子

二二六四 執現所受苦，皆宿作爲因，若現精進，便吐舊業，由不作因之所害故，如是於

二二六五 後不復有漏。七自在等因宗，謂不平等因者計，隨其所事，即以爲名，如莫醯

伊濕

二二六六 伐羅等，或執諸法大自在天變化，或大天變化，或大梵變化，或時方、空、我

等爲因。

二二六七 八害爲正法宗，謂諍、競劫起，諸婆羅門爲欲食肉妄起此計，云若爲祠祀呪術

校注

【一】「全分」，斯三九九四下有「常」字。

二六八 爲先害諸生命及助伴者，皆得生天。九邊无邊等宗，謂得世間静慮邊无

〔邊〕[一]，

二六九 外道，住有无邊想者，彼計世間有邊、世間无邊、亦有邊亦无邊、非有邊非无

邊，

二七〇 是中若憶念憎劫即於世間起有邊想，若憶念成劫即於世間起无邊想，若依

二七一 方域周廣求世間邊時，若下過无間上至弟四静慮更无所得，傍一切處不得邊

二七二 際[二]，即於上下起有邊想，於傍處所起无邊想，若无治此執於实文義无差别，

即

二七三 於世間起非有邊[三]想、非无邊想。十不死矯亂宗，謂不死无亂外道，四種不死

矯亂。

二七四 弟一覺未開悟，名不死亂，二於所證起增上慢，三開已開悟而未决定，四羸劣

愚鈍。

二七五 十一諸法无因宗，謂无因外[四]道計我、世界无因而起，謂或見因緣空无果報，

或見大風欻

二七六 尔卒起大水弥漫，或於一時窊然空竭等。十二七事斷滅宗，謂斷滅外道作如是

二七七 計，我有麁色四大所造之身，住持未壞，尔時有病有如癰有箭，若我死後斷壞

无有，

校注

【一】「邊」，據斯三九九四補。【二】「邊際」，斯三九九四作「邊處際」。【三】「邊」，斯三九九四缺。【四】「外」，斯三九九四無。

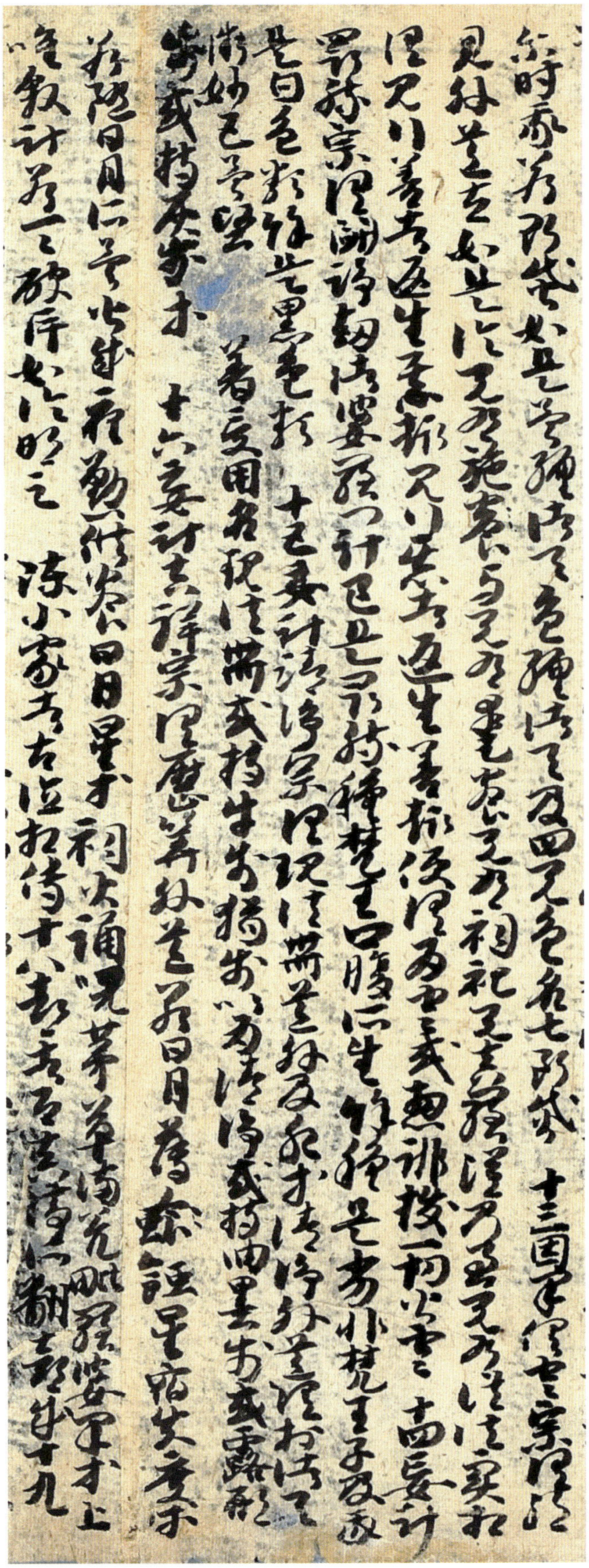

三七八 尔時我善[一]斷滅，如是欲纏諸天，色纏諸天，及四无色名七斷滅。十三因果俱空宗，謂邪

三七九 見外道立如是論，无有施与，无有愛養，无有祠祀，无真羅漢，乃至无有諸法实相，

三八〇 謂見行善者返生惡趣，見行惡者返生善趣，便爲空，或揔誹拨一切皆空。十四妄計

三八一 最勝宗[二]，謂鬬諍劫，諸婆羅門計己是最勝種，梵王口腹所生，餘種是劣，非梵王子。及我

三八二 是白色類，餘是黑[三]色類。十五妄計清淨宗，謂現法涅槃外道[四]及水等清淨外道，謂於諸天

三八三 微妙，五欲堅著受用，名現法涅槃，或持牛戒猗戒以爲清淨，或持油墨戒或露形

三八四 戒或持灰戒等。十六妄計吉祥宗，謂歷筭外道，若日月薄蝕星宿失度等，

三八五 若隨日月所欲皆成，應懃供養日月星等，祠火誦呪，茅草滿瓮，毗羅婆果等上

三八六 唯叙計，若一一破斥，如論明之。陳小家者，古德相傳十八部者，即真諦所翻部成十九。

校注

【一】「善」，原作「苦」，據《瑜伽師地論》卷七改。【二】「宗」，斯三九九四無。【三】「黑」，斯三九九四無。【四】「外道」，原作「道外」，據斯三九九四改。

一二八七 大眾分出七，并本有八，大眾應成九部，遂脱西山住部。上座分十一，并本上
□□座亦
一二八八 在其中。《文殊問經》下卷中説成廿部，然少不同。彼經[一]偈言，摩訶僧祇部
分□□[二]分別
一二八九 出有七[三]，是謂廿部，十八及本二，皆從大乘出，无是亦无非，我説未來起，

雖說□□[四]廿，稍
三九〇 同宗輪，而所分出增減有異。《宗輪論》說：大衆部中分出八部，并本有九。
一大衆，二一說，
三九一 三說出世，四鷄胤，五多聞，六說假，七制多[五]，八西山，九北山住部。上座
部中分出十
三九二 部，并本十一。一說一切有，二雪山，亦名上座，三犢子，四法上，五賢胄，
六正量，七密林〔山〕[六]，八化
三九三 地，九法藏，十飲光，十一經量。故成廿部。然《文殊問經》大衆部中并本[七]
有八，上座并本有
三九四 十二，故知皆是翻譯家悮。今依新翻《宗輪論》，揔束廿爲類。一大衆、一
說、說出[八]世、鷄胤

校注

【一】「經」，原作「羅」，據《大乘法苑義林章》卷一改。【二】《大乘法苑義林章》卷一此處並無文字。【三】「七」下，《大乘法苑義林章》卷一有「體毗履十一」。【四】《大乘法苑義林章》卷一此處並無文字。【五】「制多」，斯三九九四作「制多山」。【六】「山」，據後文及斯三九九四補。【七】「本」，斯三九九四無。【八】「出」，斯三九九四無。

三九五 四部宗説。一切如來无有漏法，仏身壽量悉无邊際，眼等五識身有染，有離染。色、无色界

三九六 具六識身，五種色根肉團爲體。无爲有九，去來世无，一剎那心了一切法，道与煩惱容俱現前。

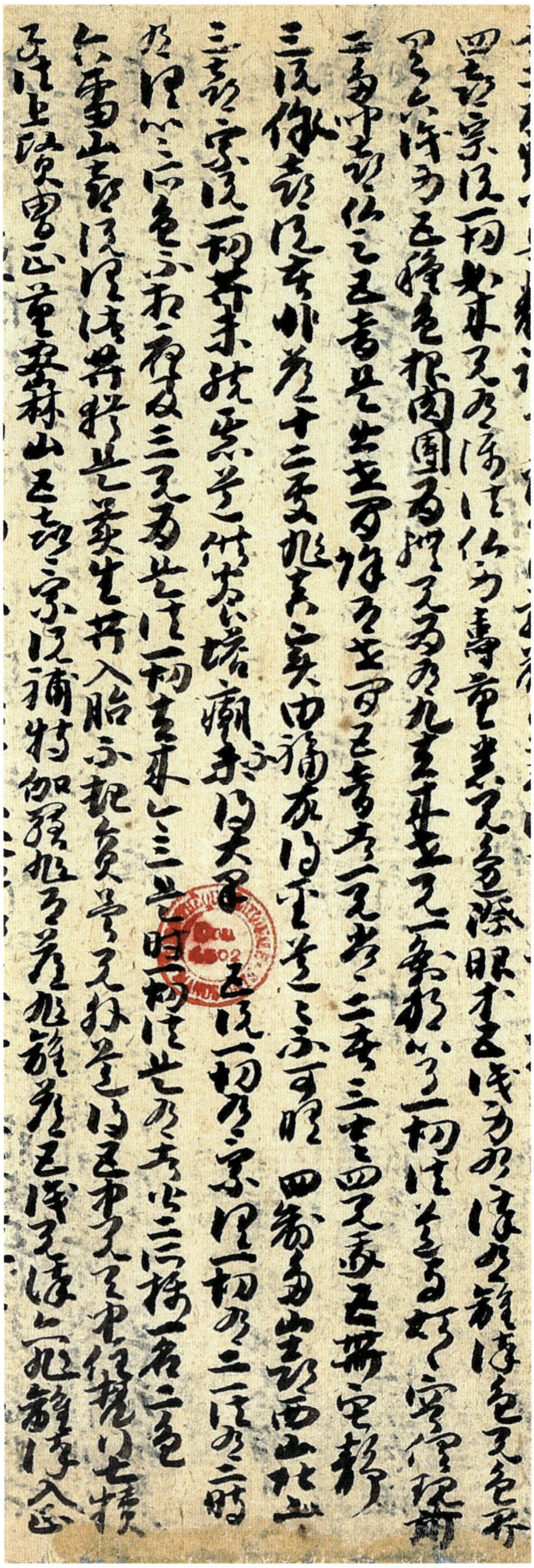

二九七　二多聞部，仏之五音是出世間，餘即[一]世間。五音者，一无常，二苦，三空，四无[二]我，五涅槃寂[三]静。

二九八　三説假部，説苦非蘊，十二處非真实，由福故得聖道，道不可脩。四制多山部、西山、北山

二九九　三部宗説，一切菩薩未脱惡道，供養塔廟不[四]得大果。五説一切有宗，謂一切有二，法有、二時

三〇〇　有，謂心、心所、色、不相應及三无爲是法，一切去來，今三是時，一切法是有者，皆二所攝：一名、二色。

三〇一　六雪山部説，謂諸菩薩猶是異生，菩薩入胎不起貪欲，无外道得五中[五]，无天中住梵行。七犢

三〇二　子、法上、賢胄、正量、密林山五部宗説，補特伽羅非即蘊非離蘊，五識无染，亦非離染，入正

校注

【一】「餘即」，斯三九九四無。【二】「无」，斯三九九四缺。【三】「寂」，斯三九九四缺。【四】「不」，原作「未」，右側校改作「不」。

【五】「中」，斯三九九四作「通」。

一三〇三 性離生十二心假說名行向果，弟三心名住果。八化地部宗說，去[一]、來世无，現、无爲[二]有，四聖諦

一三〇四 一時觀，定无中有，亦有齊号補特伽羅，有世間正見，无世間信根，无出世静慮，无无漏

一三〇五 尋等。九法藏部宗說，仏在僧數攝，仏与二乘解脱，雖一而聖道異，无外道得

五通[三]。阿

一三〇六 羅漢身皆是无漏，餘同大衆。十飲光宗説，法已斷知則无，未斷、遍知即有，業果已熟則无，

一三〇七 未熟諸[四]有。學諸有異熟果，餘同法藏部。十一經量部宗説，有勝義補特伽羅，異

一三〇八 生位中亦有聖法同，有根邊蘊，有一味蘊，一味蘊者，即細意識，餘同[五]一切有部。先叙小者，依《宗

一三〇九 輪[六]論》云：如是傳聞之言，揔指一部之義。聞謂耳根發識聽受[七]，耳得聞名，因聞所成，亦揔名聞。

一三一〇 言傳[八]聞者，顯非親聞展轉聞也。親所聽受稱曰我聞，從他聽受名曰傳聞。仏者覺也，覺有三

校注

【一】「去」，原作「在」，據《大乘法苑義林章》卷一改。【二】斯三九九四脱「入正性離生十二心」至「无爲」諸字。【三】「通」，斯三九九四無。【四】「諸」，《大乘法苑義林章》卷一作「即」。【五】「同」，斯三九九四缺。【六】「宗輪」，斯三九九四無。【七】「受」，斯三九九四無。【八】「傳」，斯三九九四缺。

三二 義，如常釋之具言仏陁，名爲覺者，是仏身中之德者，是仏无漏五蘊德即仏之
智惠。今言
三三 有惠之主名爲覺者。仏有十義：一覺勝天鼓等，如餘處説薄伽梵者，能破四
魔，具包

六德，自在熾盛与〔端〕[一]嚴等名薄伽梵，諸外道等及帝釋梵王皆得此稱，爲簡彼故，復加仏名。四魔者，《仏地論》云：一煩惱魔，一百廿八煩惱及隨煩惱爲體；二蘊魔魔，五取蘊爲體；三天魔，化他自在天上，別有魔王宮；四死魔者，有漏内蘊〔諸〕[二]无常相爲體，即滅相是也。梵云摩[三]羅，此云障㝵。此之四種[四]，能障善法，損害有情，名之爲魔。於中天魔不樂人脩善，障善[五]嫉善故。又魔者[六]見也。問：此之四魔何以對治？答：《大集經》云，知苦斷集，證滅脩道，如次能破蘊惱死天[七]四種魔也。又觀空解脱門故能破蘊魔，觀无相理能破煩惱魔，觀无願故能

校注

【一】「端」，據斯三九九四補。【二】「諸」，據斯三九九四補。【三】「摩」，斯三九九四作「魔」。【四】「種」，斯三九九四作「法」。

【五】「善」，斯三九九四作「道」。【六】「者」，斯三九九四作「鬼」。【七】「死天」，斯三九九四作「天死」。

破死[一]魔。具此三種迴向菩提即破天魔也。又煩惱魔恒雜染故，蘊魔生諸取故，死魔捨生處故，天魔自縱逸故。百有餘年者，相傳釋云：部起之時，百一十六年。

摩竭陁国者，此云无毒害国，舊云致甘露處，此即諸天及阿脩羅。往昔之時，愛著心重，爲毒所害，壽命短促，梵王令以龍爲繩，以山爲鑽，鑽於乳海。于時衆生福力，海變爲乳，復得甘露，置於此地，服得長壽，諸毒消除，名无毒害国。此依彼方僧釋。又云，帝釋往日因中名也，其人性好治[二]地，後得生天，從因爲名矣。又云摩竭提，或云墨竭提，或云摩伽陁，此皆由八轉聲勢呼名有異，大意不殊。又釋云摩者，不也，竭提，主[三]也。謂此国將兵勇，隣敵不敢至也。又言摩，遍也，竭提，聰惠也，謂聰惠之人遍其

校注

【一】「死」，斯三九九四作「天」。【二】「治」，斯三九九四作「持」。【三】「主」，斯三九九四作「多」。

三七 国内也。俱蘊摩[一]城者，此云花，花十名中之[二]一也，若云俱蘊摩補羅城，此云香花

三八 城，因香花以爲名也。王号无憂者，如《阿育王經》云：此王是頻婆娑[三]羅王之曾孫，嗣

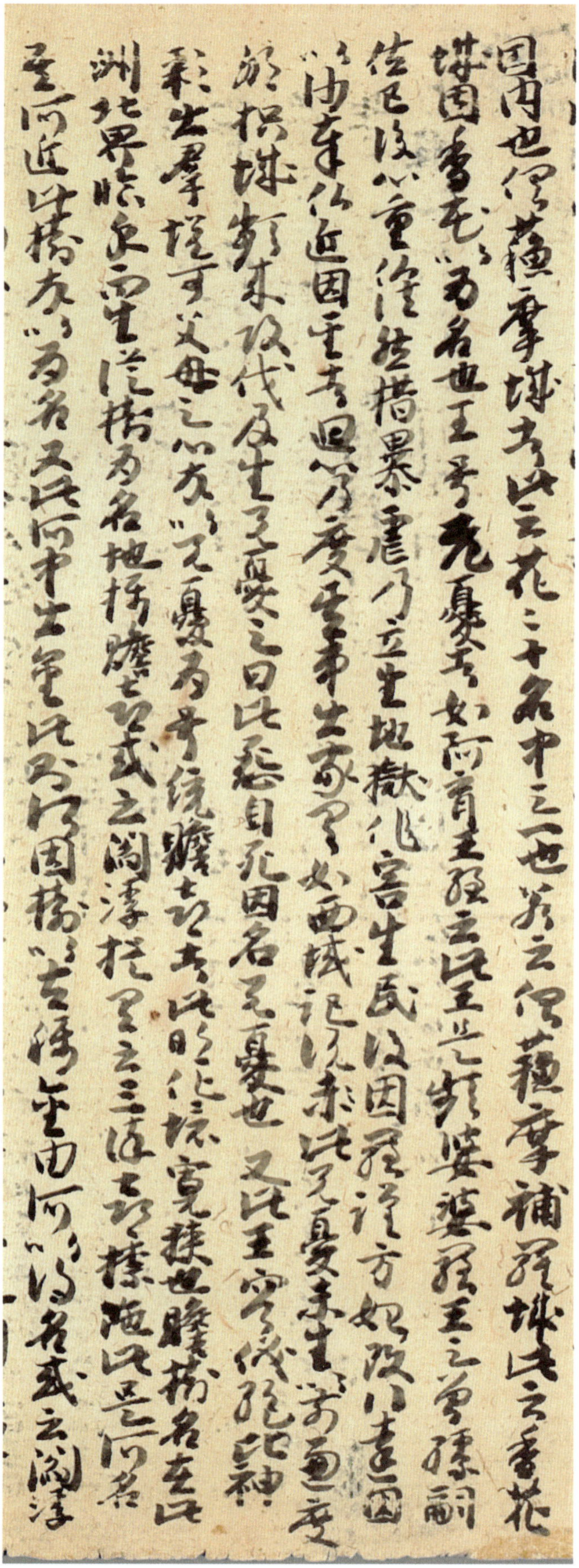

二九 位已後心重仏法，然措暴虐，乃立生地獄作害生[四]民，後因羅漢，方始斷行，
遠因
三〇 以沙奉[五]仏，近因其者迴心。乃度其弟出家，倶如《西域記》説。此无憂未生
以前，遍度
三一 那枳城頻來攻伐，及生无憂之日，此惡自死，因明无憂也。又此王容儀絶比，
神
三二 彩出羣，悦可父母之心。故以无憂爲号。統贍部者，此明化境寬狹也。贍樹
名，在此
三三 洲北界，臨水而生，從樹爲名。地稱贍部或云閻浮提，具云三染部。榛陁，此
是河名，
三四 其河[六]近此樹，故以爲名。又此河中出金，此則河因樹以立稱，金由河以得
名。或云閻浮

校注

【一】「蘊摩」，斯三九九四無。【二】「十名中之」，斯三九九四作「十名間上」。【三】「娑」，原作「婆」，據《頻婆娑羅王經》改。

【四】「害生」，斯三九九四無。【五】「奉」，斯三九九四作「聲」。【六】「河」，斯三九九四無。

果汁點物[二]成金，因流入河，染石爲金，其色赤黄，兼帶紫燄[三]氣。閻浮檀金

即此是也。感一白蓋者，感瑞爲王也。王初嗣位，鐵輪飛空，轂赤輪白，衆寶

瑜鈿

三三七 顯能催伏，有白雲盖覆贍洲[三]明所[四]化處，即一天下也。化洽人神者，威德通於幽明。洽，濡

三三八 也、潤也。又此王三捨贍部供養三寶，使諸人鬼大力神等造八万四千塔。問：輪王有幾？答：

三三九 《俱舍》頌云，輪王八万上，金銀銅鐵輪，一二三四洲，逆次獨如仏。〔他〕[五]迎自往伏，戰陣諍无害，

三四〇 相不正圓明[六]，故与仏非等。皆如理釋云云。四衆中龍象衆者，亦喻大天之流。龍即是象，

三四一 象即名龍。此有二義：一威勢叵當，二櫳棙難馭。持王臣之力陵侮聖衆，餘人因此乖諍，

三四二 所以威勢叵當。又性稟凶頑，爲惡滋甚，聖衆制而不止，故名櫳棙難〔調〕[七]。邊鄙衆

校注

【一】「物」，斯三九九四缺。【二】「錟」，原作「鑟」，據《一切經音義》卷二十一改。【三】「贍洲」，斯三九九四「贍部洲」。【四】「所」，斯三九九四無。【五】「他」，據《俱舍論》補。【六】「圓明」，斯三九九四作「明圓」。【七】「調」，據斯三九九四補。

三四三 者，大天之門徒，心行理外，目之爲邊，无德可稱，名之爲鄙。此等既非諍号，復无威勢，但言

三四四 邊鄙以隨順儻援故也。多聞衆者，凡夫學者，隨順聖人妙達幽微，廣閑三藏，助

二三四五 善朋賢[一]，稱曰多聞，即是持戒廣學之流也。大德衆者，即聖衆也。契理通神，戒清

二三四六 夅博，道高无比，名爲大德，四果等是也。此之四衆，一惡二善，皆有号從，故爲四也。謂因

二三四七 四衆[二]者能諍人也，共議大天五事，不同者所諍事也，分爲兩部者，所分部也。昔末出羅國

二三四八 有一商主，少聘妻室，生於一男，顔容端美[三]，字曰大天。未久之間，商主[四]遠行，久而不返。

二三四九 其子長大，染穢於母，後聞父至，心既怖懼，与母設計，遂煞其父，彼既造一无間業

二三五〇 已。事漸彰露，便將其母展轉逃隱[五]波吒釐城，復遇[六]本所供養无夅苾蒭，復恐事

校注

【一】「朋賢」，《異部宗輪論疏述記》卷一作「朋黨」。【二】「衆」，斯三九九四無。【三】「美」，斯三九九四作「正」。【四】「商主」，斯三九九四下有「持寶」二字。【五】「逃隱」，斯三九九四作「逃避隱」。【六】「遇」，原作「愚」，據《異部宗輪論疏述記》卷一改。

〔三五一〕彰殺彼羅漢，既造弟二无間重〔二〕業，而轉憂戚。後復見母，更有異心，便恚煞之，彼

〔三五二〕造弟三无間業已，猶不斷善，深生憂悔，寢處不安，自惟〔三〕重罪何緣消滅。傳聞

一三五三 沙門釋子有滅罪法，遂往鷄園。於其門外見一苾蒭，徐步經行，誦伽他曰：若人造[三]罪重，
一三五四 脩善得滅除，彼能離世間，如日出雲翳。既聞此已，歡喜踴躍，因即往詣一苾蒭所，求請
一三五五 出家，既見固請，不審撿問，遂度出家，還字大天。教師教授，大天聰惠，未
一三五六 久之間便能誦持三藏，文義言詞清巧，善能化導，波吒釐城无不歸伏。時无憂王
一三五七 聞已，召請數入内宮，恭敬供養[四]而請説法。彼既出已在僧伽藍，不正思惟漏失不淨。
一三五八 然彼先稱是阿羅漢而令弟子洗所衣。弟子驚問。答是天魔，汝不應恠。然所漏失略
一三五九 有二種：一者煩惱，二者不淨。煩惱漏失，羅漢已无，猶不能免不淨漏失，所以者何？諸阿羅漢煩惱

校注

【一】「重」，斯三九九四無。【二】「惟」，斯三九九四作「作」。【三】「造」字係旁邊補寫。【四】「供養」，斯三九九四無。

一三六〇 雖盡，豈无便利涕唾等事。然諸天魔常於仏所而生憎嫉，見脩善者，便生〔二〕往壞之，

一三六一 縱是羅漢亦爲其嬈〔三〕。故處漏失是彼所爲。汝今不應有所疑惑。又彼大天欲令

弟子
三六二 歡喜親附，矯設方便次弟記别四沙門果。時彼弟子稽首白言：阿羅漢等應有證
智，如
三六三 何我等都不得知？彼即告言：諸阿羅漢亦有无知，汝今不應於己不信。謂諸无
知略有二
三六四 種：一者染汙[三]无知，阿羅漢无；二不染汙，阿羅漢猶有。由此汝輩不能得
知。時諸弟子復白
三六五 師言：曾聞聖者已度疑惑，如何我等於諦实中猶懷疑網？彼復告言：諸阿羅漢
三六六 亦有疑惑，有二種：一者隨眠性疑，阿羅漢已斷；二者處非處疑[四]，羅漢未
斷，獨覺於此，
三六七 此而猶成就，況汝[五]聲聞於諸諦实能无疑惑？後彼弟子披讀諸經，説阿羅漢有
其

校注

【一】「生」，《異部宗輪論疏述記》卷一無。【二】此句，《四分律行事鈔簡正記》卷一作：「又諸天魔常於佛法中而生憎嫉，見修善者，便生壞之。縱阿羅漢，亦爲彼嬈。」【三】「染汙」，斯三九九四無。【四】「處非處疑」，斯三九九四無。【五】「況汝」，斯三九九四無。

二三六八 惠眼於自解脱，能自證知。因白師言：我等若是阿羅漢者，如何但猶師之令入，都无

二三六九 現智能自證知？彼即答云：有阿羅漢，但由他入不能自知，如舍利子智惠弟一，大目揵

三七〇 連神通弟一，仏并未記，彼不能知，況由他人而能自了？故汝[一]於此不應窮
詰。然彼大天
三七一 雖造衆惡而不斷滅諸善根，故後於夜中自懷罪重[二]，當於何處受諸劇苦？憂惶
三七二 所逼，數唱[三]苦哉！近住弟子聞之驚恠，晨朝參問，起居安不？大天答言：吾
甚安樂。
三七三 弟子尋曰：若尔，昨夜何唱苦哉？彼遂告言：我呼聖道，汝不應恠。謂諸聖道
若不
三七四 至誠稱苦召，命不現起故，故我昨夜數唱苦哉。大天於後集先所説五惡見事，
而
三七五 作此頌，如疏中説於復漸次鷄園之中，上坐苾蒭多皆滅没。十五日夜僧布薩
時，次當
三七六 大天昇坐説戒，彼便自誦所造伽陁。尔時，衆中有斈无斈多聞持戒得静慮者，
聞彼

校注

【一】斯三九九四無「況由他人而能自了故汝」諸字。【二】「重」字係行間校改。【三】「唱」，原作「昌」，據斯三九九四改。

一三七 所説无不驚訶。咄哉愚人，寧[一]作是説，此於三藏曾所未聞，咸即對之，翻彼

頌曰：餘所誘无

一三八 知，猶豫令他入，道因聲故起，汝言非仏教。於是竟夜鬪諍紛紜，乃至終朝朋

儻轉

三三七九 盛。城中士庶相次和來，皆不能得。无憂王聞，自至僧中，於是兩朋各執異[二]
誦。時王
三三八〇 聞已，亦自生疑，即白大天，孰非孰是，我等今者當寄何朋？大天白王：戒經
中說，若欲
三三八一 滅諍，依多人語。王遂令僧兩朋別住，賢聖朋内耆年雖多，而僧數少；大天朋
内耆
三三八二 年雖少，而衆數多。王乃從多，依大天衆訶伏賢聖。事畢還宮。時彼鷄園諍由
未
三三八三 息，後隨異見分爲兩部，一上座部，二大衆部。時諸賢聖知大衆乖[三]便捨鷄
園，欲
三三八四 住他處。諸臣聞已，遂速白王。王聞又嗔，便敕之曰：宜皆引[四]至殑伽河邊，
載已破船，

校注

【一】「寧」，原作「令」，據《異部宗輪論疏述記》卷一、《阿毗達磨大毗婆沙論》卷九十九改。【二】「異」，斯三九九四作「已」。
【三】「乖」，斯三九九四下有「違」字。【四】「引」，斯三九九四下有「出」字。

冲流墜溺，即驗斯等[二]是聖是凡。臣聞王命，便將試驗。時諸賢聖，各起神通，

三八六 猶如鷹行，履空而去，化作種種形相，復以神力接在舩中。未得通者，西北而
去。王聞
三八七 此已，深生愧悔，悶絶躃地，水洒乃蘇，速即遣人尋其所趣。使還，知在迦濕
三八八 弥羅国。後固請還，僧皆辭命。王遂揔捨迦濕弥羅，造僧伽藍安置聖衆，隨
三八九 先所變種種形狀，即以標題僧伽藍，号謂鴿園等，數有五百。後遣使人多賚珎
三九〇 寶營構什物而供養之。王既失諸聖衆，相率供養住鷄園僧。於後大天遊諸城，
三九一 邑，有占相者見之曰：今此釋子却後七日定當命終。弟子聞之，懷憂啓告。彼
便報
三九二 曰：吾久知之。遂令分散告王及臣長者居士：却後七日，吾當涅槃。王等聞
之，无不傷歎。
三九三 至弟七日彼遂命終，王及諸臣城中士庶悲哀戀慕，各持香薪并諸蘇油香

校注

【一】「等」，斯三九九四作「輩」。

一三九四 花等物而焚葬之。持火來燒，隨至隨滅，種種方便，竟不能燃。有占相師謂衆
人曰：彼
一三九五 不消此殊勝[二]葬具，宜以猶糞而灌穢之。便用其言，火遂炎發，須臾之須，乃

成灰

〔三九六〕燼。暴風卒起，飃散无遺。此即大天乖諍由叙，諸有智者，知而避之。初仏滅

後七葉

〔三九七〕巖中二部結集，界内即有大迦葉。彼時爲上座，滿慈子等即當結集《阿毗達

摩》。鄔

〔三九八〕波離此云近執，當結集毗柰耶。阿難結集素怛攬藏。界外亦有万餘无斈，界内

既

〔三九九〕以迦葉爲上座，即云上座部。界外无别標号，但言大衆，皆由未生怨王，爲施

主

〔四〇〇〕種種供養。恐界内人多難可和合，所以兩處弘宣，亦无異諍，法无異説。界内

耆年

〔四〇一〕數衆，界外年少即多，乃至大天[二]乖〔諍〕[三]之時。昔日界外年少之僧門人苗

裔共爲一朋，名

校注

【一】「勝」，斯三九九四作「妙」。【二】「大天」，斯三九九四無。【三】「諍」，據斯三九九四補。

一四〇二 大衆部，取昔爲名。往時，界内耆舊之僧門人苗裔，共爲一部，名上座部。一

百年後二

一四〇三 百年前，以大衆部中凡多聖少，乖諍先起立義不同。一一説部，此部意説世出

世法[一]，皆无
一四〇四 实體，但有假名。名即是説，更无別體，既乖本亩，所以別分，名一説部。二
説出世部，此部意
一四〇五 明世間煩惱從顛倒起，此復生業，從業果生，世間之法既是顛倒，顛倒不实，
但有假名，出
一四〇六 世之法非顛倒起，道及道果皆是实有，從所立爲名，名出世部。三鷄胤部，上
古有仙，
一四〇七 貪欲所逼，遂染母鷄，後所生族名爲鷄胤。從律主之性[二]，以立部名。此部唯
弘對法，
一四〇八 不弘經律。意云律是仏方便教故，如有頌云：隨里隨方隨宜，便住隨宜斷
一四〇九 煩惱[三]。有三衣覆身仏亦開許，无三衣覆身仏亦開許，僧伽藍内住仏亦開許，
界外住亦

校注

【一】「世法」，斯三九九四作「世間法」。【二】「性」，斯三九九四作「姓」。【三】此二句頌文，《異部宗輪論述記》作「隨宜覆身，隨宜住處，隨宜飲食，疾斷煩惱」，當據改。

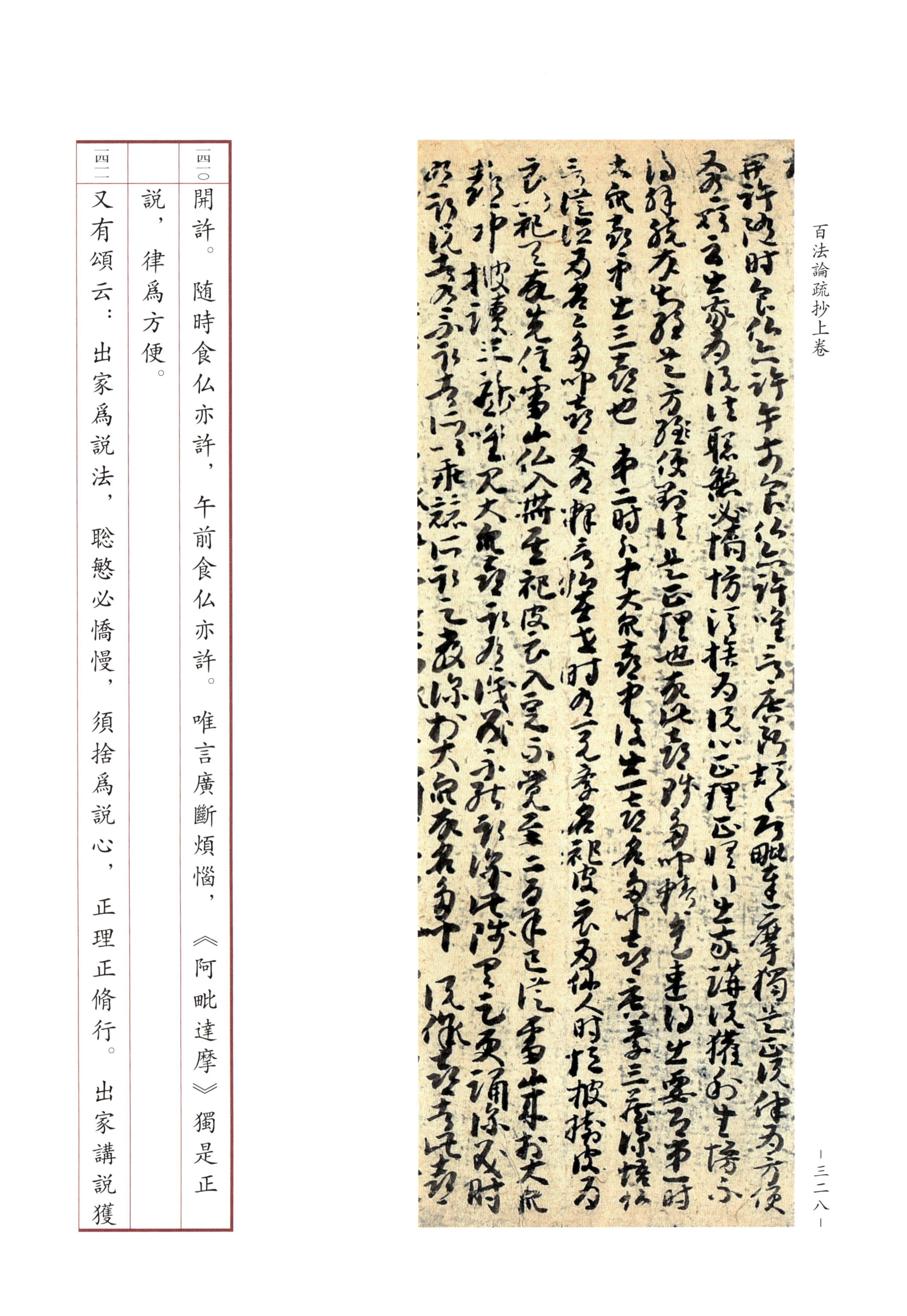

一四一〇 開許。随時食仏亦許，午前食仏亦許。唯言廣斷煩惱，《阿毗達摩》獨是正

説，律爲方便。

一四一一 又有頌云：出家爲説法，聰慜必憍慢，須捨爲説心，正理正脩行。出家講説獲

利，生慢不

四二二　得解脱。故知經是方便，對法是正理也。故此部師多聞精進速得出要，即弟一

時

四二三　大衆部中出三部也。弟二時分中，大衆部中復出一部名多聞部，廣孛[一]三藏，

深悟仏

四二四　言，從德爲名，名多聞部。又有釋言：仏在世時，有一无孛名祀皮衣，爲仙人

時，恒被樹皮爲

四二五　衣，以祀天故。先住雪山，仏入涅槃，其祀皮衣入定，不覺至二百年已，從雪

山來於大衆

四二六　部[二]中，披讀三藏，唯見大衆部最有識義，不能取深。此師具足，更誦深義。

時

四二七　有取説者乃[三]不取者，所以乖競所取之教，深於大衆，故名多聞。説假部者，

此部

校注

【一】「孛」，斯三九九四無。【二】「部」，斯三九九四無。【三】「取説者乃」，斯三九九四無。

一四一八 所説世、出世法中皆有少假，非世間法一向假，故不同一説部，非世間法一

切[二]皆实，故不

一四一九 同説出世部，既世出世法皆有假实。故從所立以標部名。又舊釋云：大迦旃延

先住无熱惱池側，仏入滅後二百年時，方從彼出至大衆部中，於三藏教而分別，云：此是世尊假名而說，此是实義。大衆部中有不信者，遂別分部。此部即是大迦多衍那弟子所弘也。制多山部者，此弟四時分部也。《宗輪》云：有一出家外道歸仏正法，名爲大天，於大衆部中出家，受具足戒，學廣行高。此談其威德也。又有釋言：摩揭陁国有好聖王，大弘仏法，諸聖多集其国，其国貴庶唯供沙門，不崇外道。外道之徒貧无四事。遂私剃髮賤住僧中。或有聰明受持三藏，能善說法，遂既[二]凡聖同流，真僞和雜。王知此事，沙汰聖凡。外道賤住多歸本業，聰〔明〕[三]博達，猶

校注

【一】「一切」，斯三九九四無。【二】「既」，斯三九九四作「使」。【三】「明」，參考《異部宗輪論述記》「聖明博達」補。

一四二七

有數百，檢問仏法，悉能通曉。王問聖者：外道賤住，猶當有耶？聖者報言：

尚有數

一四二八　百，朋儻極盛，難可剪除。王遂别造伽藍安置彼衆。制多山者，亦名支提，訛
也。
一四二九　此云霊廟，即安置聖之霊廟也。此山多有諸制多故，因以爲名。即此大天与大
一四三〇　衆重詳前大天五事，有可不可。因滋乖諍分爲三部。大天所住名制多山，制多
山西稱曰西
一四三一　山。既与大天不和，因此别住北山亦尔，制多山之北一山也。四破及五者，未
有四破，謂
一四三二　一説部已下四時分部八并本五破，謂共上座部初分大衆之時，若本若末合説爲
一四三三　九。其上座部根本，迦葉住持復有近執，滿慈慶喜等，四助揚其化，聖者
一四三四　相繼。所以二百年前殊无乖諍，故言經尔所時一味者，顯法无差。和合者，明
人不諍也。
一四三五　三百年初少有乖諍者，上座本弘經藏以爲上首，以律及對法爲後弘宣，非是不
弘

律及對法。至三百年初，迦多衍[一]尼子出世，於上座部出家，先弘對法後弘經律，既乖上座本旨，所以鬬諍紛紜，名少乖諍，不同大天乖諍。又解未必此時之中，

迦多衍[二]

四三八 出，但執義不同，遂爲乖諍。且如大天五事，上座猶行。此時之中有不許者，既乖本旨。

四三九 所以[三]分爲兩[四]部：一者說一切有部，亦名說因；二即本上座部，轉名雪山部。說一切有者，一切

四四〇 有爲、无爲，有爲有三世，无爲離三世，其體皆有名一切有。上座部轉名雪山

四四一 者，上座弟子本弘經教，說因部起多弘對法，既明閑義理，能伏上座部僧，說因遂

四四二 即大强，上座部義微弱，說因據舊住處，上座[五]移入雪山。從所住處爲名，名雪山

四四三 部也。若從所襲，名上座部。又言：雪者，喻也。此部賢聖漸少，宗義漸弱，人不流通。

校注

【一】「衍」，原作「術」，據《異部宗輪論述記》改。【二】「衍」，原作「術」，據《異部宗輪論述記》改。斯三九九四下有「尼子」二字。

【三】「所以」，斯三九九四無。【四】「兩」，原作「多」，據斯三九九四改。【五】「上座」，斯三九九四作「多」。

一四四四 說一切有部聖者轉多，理趣强盛，人皆習李。上〔座〕〔二〕廢之不行，如雪風吹，飃飖不定，故以喻

一四四五 之。犢子部者，律主姓也。上古有仙，居山靜處，貪心所逼，遂近母牛。自後

仙種，号
一四四六 爲犢子，即婆羅門姓。法上部者，律主名也。有法可上[二]。又云：有法出衆人
之上，名法上。賢胄
一四四七 者，賢者是部主之名，胄是苗裔之義，是賢羅漢之苗裔，故名賢胄。從所襲主
一四四八 爲名。正量者，權衡刊定，名之爲量，量无耶謬，故言正量。此部所立甚深法
義，刊定
一四四九 无耶，因稱正量。密林山者，即所[三]居地林木蓊鬱繁密，從所居爲名也。化地
部者，
一四五〇 本是国王王所統攝之地，王既出家得果，因化所度之人，故名化事地。法藏部
者，部主
一四五一 之名，亦名法密。密之与藏義意大同。法藏、法密二義皆同。此師含容正法，
如藏之密故

校注

【一】「座」，據斯三九九四補。【二】「上」，斯三九九四作「尚」。【三】「所」，斯三九九四作「此」。

〔四五二〕也，從人以立名。此師説有五義：一經、二律、三論、四呪（即明諸呪）、五
菩薩（即明菩薩行）。既乖化地本
〔四五三〕旨，遂乃分部有不信者，即引目連爲證，言目連説有五藏也。飲光者，婆羅門
姓也，

一四五四 即迦葉波姓[一]。上古有仙，身有金光，餘光至側，皆不[二]復現，飲弊餘光，故名飲光。此部

一四五五 主是彼苗族，故以名之。又此部主身有金光，能飲餘光，故此師少成性賢有德，因以

一四五六 立名，名爲善歲，住[三]其小有賢行故也。從其姓言飲光，從其德名善歲。或云：是迦留

一四五七 陁夷之子，姓飲光也。小即歸仏出家受道，故名善歲。若尔如何三百年末此人猶在？非

一四五八 也。經量部者，此師唯依經爲正量，不依律論故也。經部師從所立爲名也，亦名說轉[四]

一四五九 部。此師說有種子唯一，種子現在相續，轉至後世，故言說轉。然結集時，尊者慶喜

校注

【一】「姓」，下有一殘筆畫。斯三九九四無。「即迦葉波姓」，《異部宗輪論述記》作「則迦葉波姓是」。【二】「不」，斯三九九四無。

【三】「住」，《異部宗輪論述記》作「嘉」，當據改。【四】「說轉」，斯三九九四作「轉說」。

一四六〇 專弘經藏。今既以經爲量，故以慶喜爲師。言世有者，梵云筏蘊蜜多羅。筏蘊

一四六一 者，世義、住義；密多羅，友也。外道所事毗瑟拏天，亦名筏蘊，能救世故，

世間父故[一]。今此論主從彼天得彼天之友，故名世友。世友者，如言世親，世天親也，世天之友。又此天暴惡，鬼神見怖，菩薩初生，父母怜念，恐非人所嬈，故以此爲名。謂此嬰兒世天之友，世天之護，諸鬼神等勿恐怖之。又此菩薩大悲救物，爲世之友，故名世友。又此菩薩壽盡之時，深猒生死，欲入涅槃，大地震動，四天來下，請曰：已發大願，化利有情，何爲此也？遂不入涅槃，脩菩薩行，亦是大菩薩。異部宗輪者，諸弟子等情見不同稱爲異，異類別處復名爲部，即人異也。人有殊途，厥稱異部，法乖一致，号曰宗輪。宗者，主也。輪

校注

【一】《異部宗輪論述記》下有「世導師故，住於世故」。

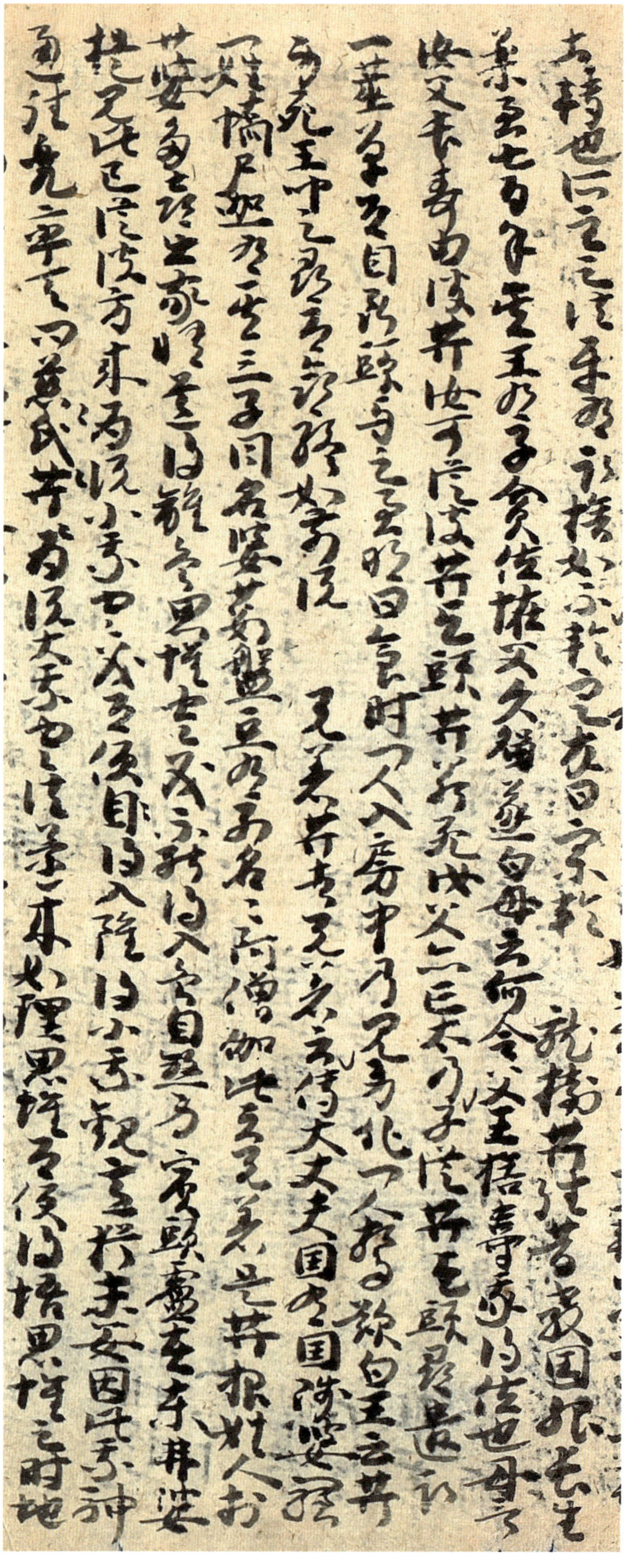

四六八 者，轉也。所主之法互有取捨，如輪不定，故曰宗輪。龍樹菩薩往昔教国〔王〕[二]服長生

四六九 藥，至七百年，其王有子，貪位恡父久留，遂白母云：何令父王捨壽，我得位也？母言：

一四七〇 汝父長壽[二]由彼菩薩。汝可從彼菩薩乞頭，菩薩若死，汝父亦亡。太子乃從。
菩薩乞頭，命遺取
一四七一 一莖草，即自斷頭与之。至明日食時，門人入房中乃見身化，門人驚歎白王
云：菩薩
一四七二 身死。王聞之，尋即命終，如前說。无著菩薩者，无著傳云：大丈夫国有国師
婆羅
一四七三 門，姓憍尸迦。有其三子，同名婆藪盤豆。有別名名阿僧伽，此云无著，是菩
薩根姓人，於
一四七四 薩婆多部出家，脩道得離欲，思惟空義不能得入，欲自煞身。賓頭盧在東井婆
一四七五 提，見此已，從彼方來，爲說小乘空義即便得入。雖得小乘觀，意猶[三]未安，
因此乘[四]神
一四七六 通往兜率天問慈氏菩薩。慈氏菩薩爲說大乘空法，還來如理思惟，即便得悟。
思惟之時地

校注

【一】「王」，據斯三九九四補。【二】「母言汝父長壽」，斯三九九四無。【三】「猶」，斯三九九四作「由」。【四】「乘」，斯三九九四無。

一四七七 六震動，既得大乘觀，因名阿僧伽尔，復數往兜率諮問大乘。弥勒廣爲分別，却來

一四七八 人間爲餘人說，聞者多不生信。无著願言：我欲令衆生信解大信，唯願大師下

閻浮提。

一四七九 慈氏如請來下，放大光明。集緣衆於説法堂，出《十七地經》。无著悉解其義，經[一]四月

一四八〇 夜，方念雖同一堂聽法，唯无著得近弥勒，餘人但得遥聞，夜聽弥勒説法，晝爲餘

一四八一 人解釋，因此衆人信解大乘。弥勒令无著脩日光三昧，得此定已，昔所未悉皆通達。

一四八二 无著有弟，号曰世親，亦夲小乘，住在異方，不信大乘，謂非仏説。无著見弟聰明絶

一四八三 世，恐非毀大乘，遣使往召。云：我疾苦，汝宜速來。世親既至，与兄相見。諮問疾由。

一四八四 兄云：我之所患由汝而生，汝於大乘恒生不信，以此惡業必墮地獄。我今憂汝命將不

校注

【一】「經」，斯三九九四作「聽」。

一四八五 全。世親聞之恐懼，請說大乘義。即爲說之。世親殊〔有〕[二]深智，一聞便悟，就兄遍李，皆得

一四八六 了達，始知小乘爲失，大乘爲得。後於異處深自悔責，比日誹毀之罪，何方可

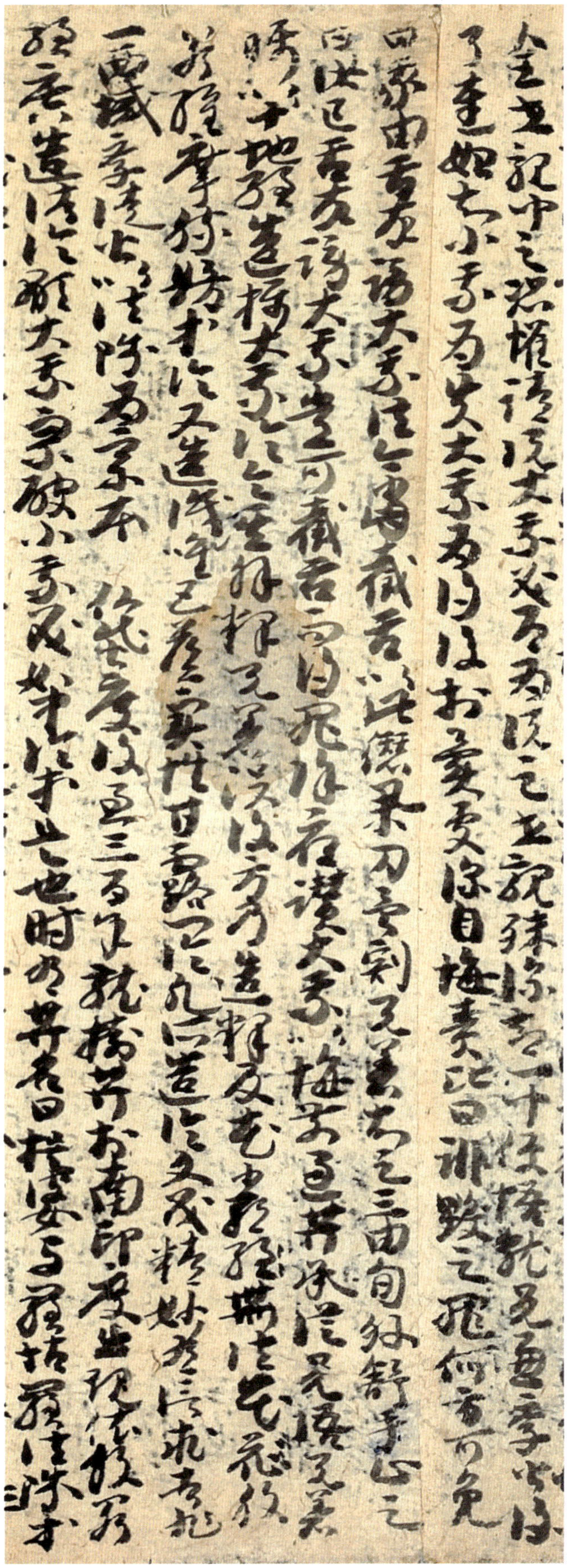

免？
一四八七 曰：我由舌故謗大乘法，今當截舌以〔謝〕[二]此愆[三]。舉刀欲割。无著知
之[四]，三由旬外，舒手止之。
一四八八 曰：汝已舌故謗大乘，豈可截舌而得罪除？應讚大乘以悔前過。菩薩承從兄
語。无著
一四八九 囑以《十地經》，造《攝大乘論》，令其解釋。无著没後，方乃造釋及《花
嚴》《涅槃》《法花》《般
一四九〇 若》《維摩》《勝鬘》等論，又造唯識《五蘊》《实性甘露門論》。凡所造
論，文義精妙，有信求者非
一四九一 一，西域斈徒皆以法師爲宗本。仏滅度後至三百年，龍樹菩薩於南印度出現，
依《般若
一四九二 經》廣造諸論，顯大乘宗，破小乘義，如《中論》等是也。時有菩薩名曰提
婆，与羅怙羅法師等，

校注

【一】「有」，據斯三九九四補。【二】「謝」，據斯三九九四補。【三】「愆」，斯三九九四作「諐」。【四】「知之」，斯三九九四無。

一四九三 次分夅龍猛之宗，大乘无相盛行於世。其龍樹菩薩十地之中位登極即是初地，
地有三[一]
一四九四 義：一獲其性故，二具證二空，三能益自他。具此三義，名極喜地[二]。二離垢
地，有二義[三]：一具尸

一四九五 羅，二遠離[四]能起微細毀犯煩惱故。三發光地，成就勝定大法[五]，揔持能發无
邊妙恵
一四九六 光故。勝定即是等持等至。大法是教，持即聞持，念恵爲體。妙恵光者，聞等
三恵，此中意説，揔持爲因。願斷忘失障，能發緣法。聞思妙恵及發，依定緣
法脩恵妙光。定地能發光，爲所依止，從果爲名，名發光地。
一四九七 四焰恵地，安住最勝菩薩分法，燒煩惱薪恵焰增故[六]。伽云燒諸煩惱智如火
焰，火焰即菩薩分法。
一四九八 五極難勝地，真俗兩[七]智行相互違合令相應，極難勝故。謂一念中同一立體變
證二□
一四九九 諦。《攝論》云：由真諦智与世間智更互相違，合此難合令相應故。世親釋
云：真諦智即

校注

【一】「三」，原作「其」，右側校改作「二」。【二】「地」，斯三九九四無。【三】「義」，斯三九九四無。【四】「二遠離」，斯三九九四缺。

【五】「法」，斯三九九四無。【六】「故」，此據《華嚴懸談會玄記》卷十「安住最勝菩提分法燒煩惱薪焰慧增故」釋出，原字形似「立」。

【七】「兩」，原作「遍」，右側校改作「兩」。

一五〇〇 无分別，世間即工巧等智是分別，此二相違，應脩令合，能合難合令相應，故名極難

一五〇一 勝。六現前地，住[二]緣起智，引无分別，最勝般若令現前故。由加行智引无分〔別〕[三]證真如理

〔一五〇二〕離染浄相。伽云：現前觀諸行流轉，又於无相多脩作意方現在前。七遠行地，
至无相
〔一五〇三〕住功用後邊，出過世間二乘道。故前之五地有相觀多，弟六地中有相觀少，弟
七地
〔一五〇四〕中純无相觀。无相觀者，真如觀中无種種言説相。又前六中猶有微細緣起，流
轉還滅相，未[三]
〔一五〇五〕能空中起有勝行。又前地同世間，同二乘等，今於此地至无相功用後邊，過世
間及二乘
〔一五〇六〕位。八不動地，无分別智任運相續，相用煩惱不能斷故。九善惠地，成就微妙
四
〔一五〇七〕无㝵解，能遍十方善説法故。已上惠轉明調增上名善惠。十法雲地，一大法智
薰含衆德水，二蔽

校注

【一】「地住」，原作「住持」，據斯三九九四改。參見《華嚴懸談會玄記》卷十。【二】「別」，據斯三九九四補。【三】「未」，斯三九九四作「無」。

一五〇八 如空麁重，三充滿法身。故此中從謗壞及喻爲名有三義，《金光》云：法身如空，智

一五〇九 惠雲[一]能令遍覆故名法身。伽云麁重之力廣虛空，法身圓滿。喻如大雲皆能遍[二]

一五一〇 覆名法雲，如是十地揔攝有爲无爲，功德以爲自性与所脩行爲勝，依持令得生

一五一一 長，故名爲地。提婆菩薩本南天竺人，婆羅門[三]種，博斈淵覽，才弁絶倫，曾
一五一二 入城乞食，有一女[四]人見菩薩身相〔端〕[五]嚴，目視不已[六]。菩薩語曰：何不
取食，直視我也？女人曰：我
一五一三 愛汝[七]眼，若与我眼，即當取食。提婆挑眼与之。女人曰：不及在於眼時。乃
驚走而
一五一四 去。後諸外道聞其聲譽方便；欲煞，遣一屠兒於菩薩處出家，詐爲弟子，經於
三年
一五一五 餘，門徒皆出行不在，外道沙弥欲害之。菩薩即知，亦不遮止，遂以刀窮之
曰：汝當以口
一五一六 破我師，我今以刀破汝胸腹。乃决其腹[八]，五藏委地。命未盡間，恐此愚賊而
告

校注

【一】「雲」，斯三九九四無。【二】斯三九九四無「故名法身伽云麁重之力廣虚空法身圓滿喻如大雲皆能遍」諸字。【三】「門」，斯三九九四缺。【四】「女」，斯三九九四無。【五】「端」，據斯三九九四補。【六】「已」，斯三九九四作「以」。【七】「汝」，斯三九九四作「師」。

【八】「乃决其腹」，斯三九九四無。

之曰：吾三衣鉢器在吾坐處，汝可取之，速上山去，我諸弟子必當困汝，慎勿下山。且未得法利之人惜身情重，身名者乃大患之本，愚人无聞爲妄見所侵[一]，惜其

一五一九 所不惜，不惜其所應惜，不亦哀哉，云云。又菩薩語外道曰：忽踰墻過，沙弥
恐怖，
一五二〇 三度欲逼不得，菩薩自收脹[二]入腹，在於壁下[三]結跏趺坐。外道過墻訖，菩薩
取莁草
一五二一 染血書於壁上，作一百八字，廣破外道應叙之。至九百年，无著、世親依《深
密經》
一五二二 《瑜伽》等論，廣明八識三性義理，明一切法非唯无性。尔時大乘有宗方得流
布，至千一
一五二三 百年，清弁菩薩依[四]般若及龍[五]猛宗，造《般若燈論》《掌珎論》等，破无
著、世親有相大
一五二四 乘。其時護法[六]菩薩依《瑜伽》《深密》等教成立有宗，破彼空見。清弁菩薩
善閑三藏

校注

【一】「愚人无聞爲妄見所侵」，原作「異人无聞我見所侵」，據《提婆菩薩傳》卷一改。【二】「脹」，此處同「腸」。【三】「下」，斯三九九四無。【四】「依」，斯三九九四下有「諸」字。【五】「龍」，斯三九九四無。【六】「法」，斯三九九四無。

一五五

因有少疑，欲問護法。其時護法在菩提樹下脩道，清弁謂諸人曰：我今雖疑須

一五二六 見護法，菩提樹是仏成正覺處，若不道成，終不虛見。其有諫曰：弥勒現在
一五二七 天宫，何不往問？清弁曰：弥勒天上現在僧人，我不願見。於彼不遠有觀自在
一五二八 菩薩像。清弁往彼七日祈求，像遂見身語清弁，問：汝何所須？弁曰：我願留
身以[一]待弥
一五二九 勒。像曰：汝是凡身，何能留也？其次西北有執金剛神，汝往求之。清弁遂至
石室
一五三〇 所，以介子呪之，石室即開。時有六人同入石室，入已門閉，住待弥勒。如
《西域記》。
一五三一 念智漸滅者，滅謂滅少，此言念惠衰漸，識用宜鮮不能諳博廣解故也。
一五三二 《花嚴》云：何故淨覺人會智功德，具說法上地諸有力不解，釋亦即聞等惠少
也。
一五三三 又念以憶持爲義，智以證念爲名，此二俱漸，故名漸滅也。
一五三五 百法論疏抄上卷

校注

【一】「以」字係旁邊補寫。

敦煌草書寫本《百法論疏抄上卷》内容淺述

一、寫本信息

伯二二五八號寫本《百法論疏抄上卷》，現藏於法國國家圖書館。國際敦煌項目網站介紹此卷：「紙本墨書，百法纂要，佛經，華文。紙薄而脆，淺棕色。正面的文字映在背面。有潮氣和濕氣的污漬，凹痕、有孔。二十七點三釐米至二十八點六釐米寬，一千九百七十八點一釐米長。」

寫本内容起於「百法」，結尾題記「百法論疏抄上卷」。共保存一千五百三十四行文字。每行十九字至三十七字不等。《敦煌寶藏》定名爲「百法纂要（百法論疏抄上卷）」〔一〕；《敦煌遺書總目索引新編》著録爲「百法纂要尾題百法論疏抄□□（草書）」〔二〕。

二、寫本内容

伯二二五八《百法論疏抄上卷》的内容分爲兩部分。

〔一〕黄永武編《敦煌寶藏》第一一八册，新文豐出版公司，一九八三，第一五三頁。

〔二〕敦煌研究院編《敦煌遺書總目索引新編》，中華書局，二〇〇〇，第二三〇頁。

第一部分：第一行至第七十八行「那由他溝也」，是對唐代大乘光——普光撰寫的《大乘百法明門論疏》卷一内容再注解。

第二部分：第七十八行「三弁宗體」至第一千五百三十三行，是對圓測撰寫的《解深密經疏》部分内容再注解。

（一）對大乘光《大乘百法明門論疏》卷一的注解

《百法論》全稱《大乘百法明門論》，又稱《大乘百法明門論本事分中略録名數》。全一卷，天親菩薩造，大唐三藏法師玄奘譯。作者天親菩薩，印度人。玄奘（六〇二—六六四），洛州緱氏（今河南洛陽偃師市）人。唐代著名高僧，被尊稱爲「三藏法師」，後世俗稱「唐僧」，與真諦、鳩摩羅什並稱爲中國佛教三大翻譯家。爲了徹底理清當時中國佛教各學派的分歧，他於貞觀元年決定西行去印度求得真法，歷經千辛萬苦到達印度。前後十七年，遍學當時大小乘各種學説，一共帶回經論六百七十五部，玄奘和他的弟子們共翻譯出七十五部（一千三百三十五卷）。《舊唐書·列傳第一百四十一》爲玄奘大師作傳，傳揚後世。

《大乘百法明門論》全文六百八十七字，開篇「如世尊言：一切法無我」點明本論的核心論點，論證有二：「何等一切法？云何爲無我？」下文回答：「一切法者略有五種」「言無我者，略有二種：一補特伽羅無我，二法無我」。中間詳細解説「一切法者略有五種」的「五位百法」内容，展現「心法八種、心所有法五十一種、色法十一種、心不相應行法二十四種、無爲法六種」的内容，但僅僅是列名，没有對各個法内容間的關係展開論述。結尾「二無我」的歸納總結，意在説明前所列舉的五位百法中，一一推求，皆無二種「我相」，「總無實法，無實法故，名法無我也」。能於五位百法通達無我的真理，是爲證入「無我」的門徑。「五位百法」可以用以下簡表明瞭地展示出來：

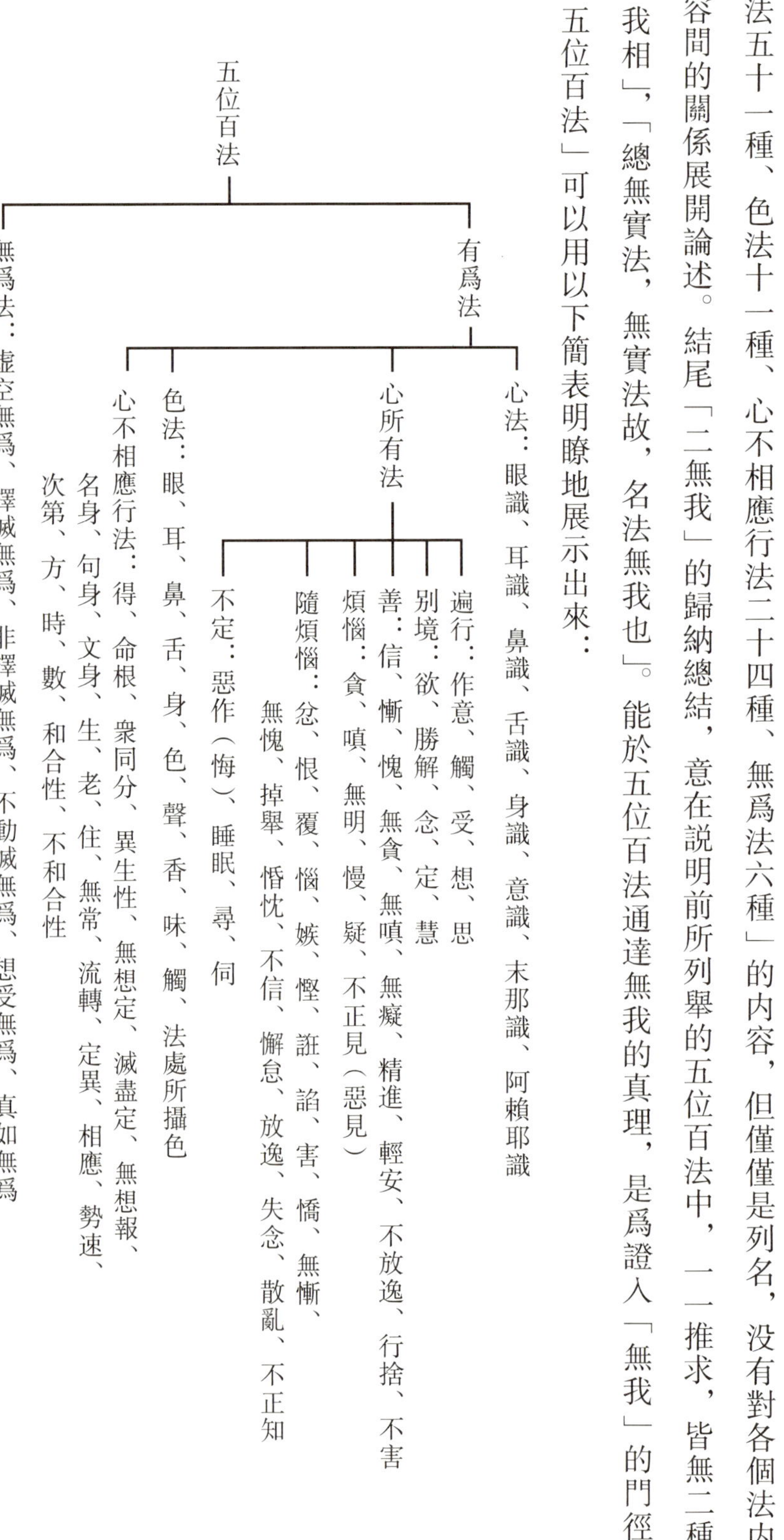

《大乘百法明門論》翻譯出來以後，由於該論過於言簡意賅，其所藴含的深意令人無法理解，更是令僧人們無從實修，所以有很多人對《大乘百法明門論》作注疏，從玄奘法師的弟子窺基、大乘光（普光）開始，還有義忠、道氤、虚受等人。流傳至現在的「疏」有：義忠《大乘百法明門論疏》（二卷）、大乘光《大乘百法明門論疏》（二卷）。即對《大乘百法明門論》全文六百八十七字内容詳細解釋。義忠《大乘百法明門論疏》共二卷，開篇有西京大慈恩寺沙門窺基所作的序言。正文分兩大部分：一是解釋「大乘百法明門論」這一論題的内涵，二是解釋《大乘百法明門論》一書的文本内容。大慈恩寺沙門大乘光撰寫的《大乘百法明門論疏》也是二卷，共分三部分：一是明確解釋造《大乘百法明門論》的旨意，二是解釋「大乘百法明門論」這一題目的含義，三是隨《大乘百法明門論》正文内容逐段詳細解釋。鑒於兩種疏隨文解釋部分文字繁多，此處不詳細展開。

湯用彤先生在其《隋唐佛教史稿》中説：「其疏之注釋常曰疏抄。」[一]意思是，對經論的「疏」再作注釋，就叫「疏抄」。「百法論疏抄」意思就是對「百法論疏」的再注釋。伯二二五八《百法論疏抄上卷》首尾没有題寫該疏的作者名字，僅在卷尾題寫「百法論疏抄上卷」七個字。第一行首題「百法」二字清晰可見，以下由於字迹殘缺而不知内容。從第二行至第十行上半句，引經據典對「三界」「五趣」的概念進行了解釋。

〔一〕湯用彤：《隋唐佛教史稿》，中華書局，二〇一六，第七九頁。

從第十行下半句至第十六行上半句，以問答的形式，提出「五趣四生如何相攝」「三界中欲色可知无處（生）不」「无色依何而住」三個問題並依次作答。第十六下半句行至第四十一行對「漂者喻、溺者喻、循環者、紛糾、百法有體、人法二空、説藥、悟病成藥、非空非有、百非者、四句、因詮顯旨等者、無説相而説無聽相而聽」進行了解釋。尤其是對「四句」，從小乘和大乘兩個方面展開了更加詳盡的解釋。《成唯識論》卷一曰：

然諸外道，品類雖多，所執有法，不過四種。一、執有法與有等性，其體定一。如數論等。彼執非理。所以者何？勿一切法，即有性故；皆如有性，體無差別。便違三德我等體異，亦違世間諸法差別。又若色等，即色等性；色等應無青黃等異。二、執有法與有等性，其體定異。如勝論等。彼執非理。所以者何？勿一切法，非有性故；如已滅無，體不可得。便違實等自體非無，亦違世間現見有物。又若色等，非色等性，應如聲等非眼等境。三、執有法與有等性，亦一亦異。如無慚等。彼執非理。所以者何？一異同前一異過故。二相相違，體應別故。一異體同，俱不成故。勿一切法，皆同一體。或應一異，是假非實，而執爲實；理定不成。四、執有法與有等性，非一非異。如耶命等。彼執非理。所以者何？非一異執，同異一故。

對小乘「所執有法」從四個方面定性，認爲小乘「四句」是「表詮」，大乘「四句」是「遮詮」。至此完全可以得出伯二二五八號寫本是對慈恩寺沙門大乘光撰寫的《大乘百法明門論疏》卷一「第一明造論意」部分內容的解釋。現引大乘光《大乘百法明門論疏》卷上内容如左：

第一明造論意者，尋夫三界有情，五趣漂溺，循環不息，輪迴無替者，莫不以斷常空有紛糾於懷，所以菩薩降生垂範利物，爲除空有兩執，故開空有二門，前明百法有體，爲遣執空，後明人法二空，爲除有見。所以有體，世諦非無，所以言空，真諦何有？隨病説藥，病息藥亡，執藥成病，悟病成藥，非空非有，即有即空，既絶百非，又亡四句。然因詮顯旨，故假論以明，既不説而説，亦聽無所聽，論之興也，其在兹乎！此即第一明造論意。

伯二二五八號寫本從第四十三、四十四行「釋題目中言本事分中略録名數等者」開始，直到第七十八行「那由他溝也」，是對大乘光《大乘百法明門論疏》「第二釋題目」一段二百一十三字中的「瑜伽論、五分、十七地、十支、遮詮、小乘」等内容的旁徵博引式的再解釋；在對題目中的「大乘」「百」内容的解釋上，「釋題目中言本事分中略録名數等者」，大乘光認爲是「言《大乘百法明門論》本事分中略録名數」，而伯二二五八號寫本抄寫者認爲此「本事分」是《瑜伽師地論》「本事分」，不是「《大乘百法明門論》本事分」，並列舉了瑜伽論宗「五分」的詳細内容：一本地分，二攝決釋分，三攝釋分，四攝異門分，五攝事分。這就對《大乘百法明門論》内容來源表達了兩種截然不同的看法：一是玄奘法師所譯《大乘百法明門論》是從《大乘百法明門論・本事分》中略録名數，二是玄奘法師所譯《大乘百法明門論》是從《瑜伽師地論・本事分》中略録名數。從《大乘百法明門論》被玄奘大師翻譯出來至今，質疑之聲從未斷絶，因爲《瑜伽師地論》中没有「本事分」。窺基大師在對《大乘百法明門論》來源解釋時所使用的「本地分」「本事分」也不統一：其一，他自己所撰寫的《大乘百法明門論注》卷一説「大乘百法明門論本地分中略録名數」；其二，他爲義忠《大乘百法明門論疏》所作的序言中，又説「大乘百法明門論本事分中略録名數」。現引《大正藏》，窺基爲義忠《大乘百法明門論疏》所作的序言如左：

首稱《大乘百法明門論》者，總宏綱之極唱，旌一部之通名。復云本事分中，略録名數者，纂義類之鴻猷，簡一分之别目。大，用遮詮立號。乘，以運載得名。百法，以體用雙陳。明門，以能所兼舉。循環研覈，究暢真宗，磨怛理迦，目之爲論。本事分者，即《瑜珈》本事分也。良吕彼論，文廣義豐，尋波討源，輒難曉悟，乃甄集宗要，成斯雅論。廣文委囑他部，略論抑不繁詞，故云略録表詮呼召，稱之曰名。有所度量，號之爲數。故云大乘百法明門論本事分中略録名數。

其中的「本事分者，即《瑜珈》本事分也」與伯二二五八號寫本所宗的大乘光疏對此題目所理解的「《百法明門論・本事分》中也」，形成了鮮明的對照。玄奘法師翻譯的所有典籍中，僅有《大乘百法明門論》的作者標明是「天親」，其他都標明是「世親」。玄奘法師在其《大唐西域記》卷五中記載：「大城中有故伽藍，是伐蘇畔度菩薩（唐言世親，舊曰婆藪盤豆，譯曰天親，訛謬也）。數十年中於此製作大小乘諸異論。其側故基，是世親菩薩爲諸國王、四方俊彦、沙門、婆羅門等講義説法堂也。」可見玄奘法師把「世親」和「天親」區分得很清楚。至於窺基大師一開始將二者分得很清楚並列提及，到後來與其門徒將「天親」和「世親」混同爲一，並將《大乘百法明門論・本事分》與《瑜伽師地論・本地分》硬是扯在一起，有爲其法相宗的「判宗立教」尋找支撑的深層原因。

伯二二五八號在此部分疏抄中，還有一重要的内容，即「十支」。作者認爲《瑜伽師地論》第五攝事分「略攝三藏衆要事義，此即《瑜伽》本地分中明此百法名數，今略録之以示方隅也。即十支中之一支也」。下文隨即列舉了十支的具體名目：

一略陳名數支，即《百法論》是。二粗釋體義支，《五蘊論》是。三揔包衆義支，即《顯揚論》是。以上三論世親造。四揔攝大義支，《攝大乘論》无著□无性菩薩及世親各造釋十卷。五分别名數支，《集論》是。无著造，本覺師子釋安惠揉。六離僻彰中支，《弁中邊論頌》是，慈氏釋，即天親。七催破耶山支，《廿唯識》是，世親造。八高建法幢支，《卅唯識頌》，世親釋，即護法等。九庄嚴體義支，《大庄嚴論頌》，即慈氏釋，即世親。十攝散歸觀支，《分别瑜伽論》，慈氏造。此十名目，淄州昭法師製也。

唐代義忠《大乘百法明門論疏》卷一中有：「此百法論是《瑜伽》五分中本事分内百法名數，今略録之以示方隅，即《瑜伽》十支中略陳名數支也。」僅僅提到了「十支中略陳名數支」，其餘九支没有列名。唐代道誠撰寫的《釋迦如來成道記注》卷二有「十支」的具體名目，一支到十支順序及内容，與伯二二五八號寫本「十支」完全一致，唯有「三總色衆義支」與伯二二五八號寫本「三揔包衆義支」差一字。與唐代靈泰撰寫的《成唯識論疏抄》卷一「問百法論，即名略陳名數支，乃至已後九支，皆唯此問。又問總包衆義支，與總攝大義支」、唐代栖復《法華經玄贊要集》卷五「三總包衆義支（《顯揚論》，無著造）」，以及唐代曇曠《大乘百法明門論開宗義記》卷一「四總包衆義支」等内容對比來看，唐代道誠撰寫的《釋迦如來成道記注》卷二「三總色衆義支」中的「色」字很大程度上是由傳抄錯誤所致，因爲與「包」字字形極爲相似，正確的應該是「三總包衆義支」。唐代栖復《法華經玄贊要集》卷五「瑜伽論十支」的具體内容如左：

一略陳名數支（《百法論》）。二粗釋體義支（《五蘊論》是，天親造）。三總包衆義支（《顯揚論》，無著造）。四廣包大義支（《攝大乘論》，無著本，世親無性釋）。五廣陳體義支，亦名分别名數支（《雜集論》，無著本，覺師子、安慧二人釋）。六離僻彰中支（《辨中邊論》，彌勒本，天親釋）。七摧破耶山支（《二十唯識論》之）。八高建法幢支（《二十唯識論》，天親本，護法菩薩等釋）。九莊嚴體義支（《莊嚴論》，彌勒本，天親釋）。十攝散歸見支（《分别瑜伽論》，護彌勒造）。

栖復大師的「十支」內容及順序與伯二二五八號寫本完全一致，唯有「四廣包大義支」「十攝散歸見支」名稱與伯二二五八號寫本「四揔攝大義支」「十攝散歸觀支」不一致。「廣包」與「揔攝」此處意思大體相同；「歸見」與「歸觀」名稱不同，但其「見」和「觀」此處意思大體相同。

唐代曇曠《大乘百法明門論開宗義記》卷一「《瑜伽論》十支」的具體内容如左：

一略陳名數支，即此論是。二粗釋體義支，即《五蘊論》。三廣辯名義支，即《雜集論》。四總包衆義支，即《顯揚論》。五莊嚴體義支，即《莊嚴論》。六綰攝大義支，《攝大乘論》。七離僻處中支，《辯中邊論》。八攝散歸觀支，《分别瑜伽論》。九摧破耶山支，《二十唯識論》。十高建法幢支，《成唯識論》。

曇曠大師的「十支」內容與伯二二五八寫本「十支」內容從順序及內容上，就有很大的不同了。其「三廣辯名義支，即《雜集論》」與伯二二五八號寫本「五分别名數支，《集論》是」對應；「四總包衆義支」與伯二二五八號寫本「三揔包衆義支」對應；「五莊嚴體義支」與伯二二五八號寫本「九庒嚴體義支」對應；「六綰攝大義支」與伯二二五八號寫本「四揔攝大義支」對應；「七離僻處中支」與伯二二五八號寫本「六離僻彰中支」對應；「八攝散歸觀支」與伯二二五八號寫本「十攝散歸觀支」對應；「九摧破耶山支」與伯二二五八號寫本「七催破耶山支」對應；「十高建法幢支」與伯二二五八號寫本「八高建法幢支」對應。以上列舉的「十支」名稱雖有與伯二二五八號寫本名稱及順序不同的地方，但内容完全一致。此部分最重要的核心落在「此十名目，淄州昭法師製也」這一句上。伯二二五八作者爲我們提供了「十支」的名目是淄州昭法師作的。《宋高僧傳》卷四有《唐淄州慧沼傳（大願塵外）》一文，説慧沼大師「自奘三藏到京，恒窺壼奥。後親大乘基師更加精博」。玄奘大師取經回來跟隨翻譯經書，直到翻譯結束，一直在玄奘大師身邊擔任筆受，他是窺見玄奘大師所翻譯典籍中的奥妙的。後來，他親近窺基大師，學識和修行就更加淵博精進了。因其聲名遠播而「號淄州沼也」。參照伯二二五八號寫本及其他高僧大德的著作，完全可以將唐代實達撰寫的《金剛暎卷上》「十支」中錯誤的名稱加以糾正。現列舉唐代實達撰寫的《金剛暎卷上》「十支」内容如左：

一略録名數支，即《百法論》是。二粗釋體支，《五藴論》是。三總句衆義支，即《顯揚論》是。（上三論世親造。）四總攝大義支，《攝大乘論》是。（無著造。無性菩薩及世親各造釋十卷。）五分别名數支，《集論》是，慈氏釋。六離僻彰中支，《辨中邊論》是，慈氏釋。七指破耶山支，《二十唯識》，世親是（釋）。八高建法幢支，《三十唯識》是，世親護法等。七莊嚴體義支，《大莊嚴論》，慈氏造。十攝數歸觀支，《分别瑜伽論》是，慈氏造。（此云十支淄州沼法師造。）

《金剛暎卷上》「二粗釋體支」應該爲「二粗釋體義支」，「三總句衆義支」應該爲「三總包衆義支」，「七指破耶山支」應該爲「七摧破耶山支」,「七莊嚴體義支」應該爲「九莊嚴體義支」,足可見日本學者在二十世紀二十年代編修《大正藏》第八十五卷的時候,在辨識敦煌草書寫本文字方面,仍然没有達到其「精校」盡善盡美的效果。

(二)對圓測《解深密經疏》的注釋

《解深密經》由大唐三藏法師玄奘奉詔譯,全書共五卷。内容爲:序品、勝義諦相品、心意識相品、一切法相品、無自性相品、分别瑜伽品、地波羅蜜多品、如來成所作事品,共八品。在框架結構上,全書可分爲序品和正宗分(其餘七品)兩部分。玄奘大師翻譯此經後,以窺基大師爲代表的法相宗依《解深密經·無自性相品》判釋迦一代教法爲有、空、中道三時教,《解深密經》成爲法相宗很重要的一部經。《解深密經》注疏主要有:圓測《解深密經疏》十卷,現存前九卷;令因《解深密經疏》十一卷,玄範《解深密經疏》十卷,此二疏皆失傳,没有保存下來。

伯二二五八號寫本第七十八行下半行至第一千五百三十三行分爲三部分。

第一部分:從第七十八行「三弁宗體中體者」至第七百五十六行「除我法二執故」,是對唐代西明寺沙門圓測撰寫的《解深密經疏》第二部分「辨經宗體」内容的再解釋。圓測撰寫的《解深密經疏》共分爲四個部分:一教興題目,二辨經宗體,三顯所依爲,四依文正釋。由於伯二二五八第一行至第七十八行上半句是對《百法論疏抄上卷》内容的注釋，故没有注解《解深密經疏》卷一的「一教興題目」部分的内容。伯二二五八號寫本對《解深密經疏》的注解直接從第二部分「辨經宗體」内容開始。現將伯二二五八號寫本抄寫第七十八行下半句至第一千五百三十三行具體内容分述如後。

第一，第七十八行「三弁宗體中體者，謂能詮教體」至第一百零五行「將經像至慈恩寺云云」爲對《解深密經疏》卷一「言宗體者」一段「一攝妄歸真門」中的「詮教體」「大唐三藏」内容的再解釋。經過仔細核對，伯二二五八號寫本第八十一行「沙門」至第一百零五行「慈恩寺云云」，與唐代靖邁撰寫的《古今譯經圖紀》卷四内容完全相同，是關於玄奘法師生平傳記的内容。

第二，從第一百零五行「二攝相歸識中唯識爲體者」至第一百二十行「鬼傍生等」，是對《解深密經疏》卷一「二攝相歸識門」一段一百八十一字部分内容的再解釋。前半部分「唯識爲體」引《楞伽經》《解深密經》内識、外相、見相二分等解釋其内容。後半部分以《大乘法苑義林章》來總結一切「唯識」共五種：一境唯識，二教唯識，三理唯識，四行唯識，五果唯識。其中對五種唯識内容的解釋，要比《大乘法苑義林章》稍顯簡略。

第三，第一百二十行「三以假從实門」至第一百三十七行「如呼奴爲曹主」，是對《解深密經疏》卷一「辨經宗體」中「三以假從實門」一段，共一百六十九字的再解釋。其中爲了説明「句者表章義」，引用了《文賦》的内容：「日月星辰天之文也，江河岳瀆地之文也，詩書礼樂人之文也。」遍查西晉陸機撰寫的《文賦》全文一千九百七十四字，没有這三句話。倒是《全唐文》卷四百三十二中，張懷瓘《文字論》有「日月星辰，天之文也。五嶽四瀆，地之文也。城闕翰儀，人之文也」這麼三句話，雖然與伯二二五八號寫本仍有部分文字不同，但大意相同。還有一種可能的情况就是：伯二二五八號寫本作者所引用的《文賦》三句話，的確與《全唐文》中的這三句話完全不能重合，故很大程度上，除了西晉陸機的《文賦》一文，有另外時間、另外作者所撰寫的《文賦》，但其内容與西晉陸機所寫的《文賦》完全不同。

第四，第一百三十七行「四三法定體門者」至第一百三十九行「假实二聲爲體」，是對《解深密經疏》卷一「辨經宗體」中的「第四三法定體門」一段，共一百五十四字的簡略解釋。鑒於「藴、處、界」三科爲大乘小乘皆承認的分類法，屬最基礎的佛學知識，故作者不再對原疏的内容展開解釋。

第五，第一百三十九行「五法數出體門」至第一百八十二行「不能廣述」，是對《解深密經疏》卷一「辨經宗體」中「第五法數出體門」的「一法數出體」部分内容，共二千八十四字的再解釋。伯二二五八號寫本雖依據大唐三藏法師玄奘「開爲八門」，但在行文中仍然遵循圓測《解深密經疏》「四門分别」來進行解釋。對薩婆多宗「七十五法」的具體内容進行了解釋。教體方面，伯二二五八號寫本據先德而説有三解，《解深密經疏》却是有兩解，此爲不同。「十二部經以何爲性?」伯二二五八號照抄《解深密經疏》的内容，《解深密經疏》還有廣説部分，但伯二二五八號寫本省略了對廣説部分内容的解釋。對《解深密經疏》中提及的「經部」内容，伯二二五八號「今依大乘揔有百法等者」來總括其解釋立場，而對《解深密經疏》中詳細提及的「龍猛、十住毗婆沙、七百六十一法、七百不相應法」等內容棄而不談。後對「調服、名句文身、文、義」內容引《瑜伽師地論》再解釋。

第六，第一百八十二行「弟二本影有无」至第三百三十行「但死滅无不言衆死」，是對《解深密經疏》卷一「五法數出體門」中的「二本影有無」部分内容近三千一百二十字的再解釋。關於「本影有無」，《解深密經疏》原文説：「有其二義：一本影有無，二説法差別。」以「四句」來概括諸宗「一有本無影，二有影無本，三本影俱有，四本影俱無」。但伯二二五八號寫本前兩條的名稱與《解深密經疏》不同：「一唯本无影」、「二唯影无本」。可是在後面的解釋抄寫中，又與《解深密經疏》的内容完全一致，且對「薩婆多宗、大衆部、多聞部」詳細内容進行了解釋。伯二二五八號對「三身」的解釋過於繁複詳細，從其含義解釋開始，廣泛徵引《成唯識論》《金光明經》《莊嚴論》《佛地經論》《解深密經》《瑜伽師地論》解釋「三身」的内容，拓展解釋「佛有三德」「四身」及「《華嚴經》明十種佛」。

第七，第三百三十行「《雜心論中》釋經有五義」至第四百九十八行「所依有多種」，是對《解深密經疏》卷一「辨經宗體」中「五法數出體門」的第三點「聚集顯現歷心差别」的再解釋。伯二二五八號寫本没有標明「聚集顯現歷心差别」的名稱，而是直接對《解深密經疏》「四辨音一異門」原文中的「經、八時、八轉聲」進行了解釋。「十二部經」一節原文僅僅四十五個字，以「契經、餘十一部」簡説，伯二二五八號寫本反倒是對十二部經的十二項内容，用了二千六百四五十字，詳詳細細地展開了解釋。將「五心」内容詳細分爲四部分，「一別名弁相，二諸識有无，三刹那多少，四三性所收」，進行了解釋，與《大乘法苑義林章》《五心義略記》《成唯識論本文抄》的「十二門分別」截然不同，但解釋抄寫的文字基本與《大乘法苑義林章・五心章》相同。

第八，第四百九十九行「六句義者」至第五百七十八行「非空非有是爲中道」，是對圓測撰寫的《解深密經疏》卷一「辨經宗體」中的「五法數出體門」第四點「辨音一異門」部分内容再解釋。對「如來説法爲一音不」的理解不同，《解深密經疏》依據《異部宗輪論》，將二十部分成兩種解釋：一是大衆部、一説部等「諸如來語，皆轉法輪」；二是一切有部及經部等的「非如來語皆轉法輪，非佛語一音能説一切法，乃至廣説」。伯二二五八號未對《解深密經疏》中「所詮宗者，略有四種：一存妄隱真宗……二遣妄存真宗……三真妄俱遣宗……四真妄俱存宗」再作解釋。其後又列舉了窺基大師「慈恩八宗」中的「二有法無我宗」「四現通假實宗者」兩宗的内容。

第二部分：第五百七十八行「四百年後」至第七百五十六行「除我法二執故」，是對圓測撰寫的《解深密經疏》卷一「第三顯所依爲」部分内容的解釋。《解深密經疏》「第三顯所依爲」原文説：「自有二種：一顯教所依，二顯教所爲。」説明本經所根據之立場：於二藏之中，本經係根據菩薩藏；於三藏之中，則根據阿毗達摩藏；於十二部經之中，根據論議經；於五教門中，則根據觀行門。從第五百七十九行「時有菩薩」至第六百行爲龍樹菩薩傳記。從第六百零一行至第六百五十行「唯舌不變耳」爲鳩摩羅什大師的傳記。此二大師傳記內容，與《金剛暎卷上》龍樹菩薩、鳩摩羅什大師傳記文字完全一致。後又對「菩提流支、一時教、隨何時處、摩尼、月影隨水緣現者」進行了解釋。第六百六十九行至第六百九十七行是曇無讖大師的傳記，其抄寫內容與《金剛暎卷上》曇無讖大師傳記文字完全一致。

第三部分：第七百五十六行「三性義者」至第一千五百三十三行，是對圓測撰寫的《解深密經疏》的「第四依文正釋」卷四至卷九部分內容的抄寫與解釋。伯二二五八號寫本中沒有「依文正釋」這個標題，直接對「依文正釋」正文中的內容進行解釋。此部分內容，可以按照《解深密經疏》卷四至卷九的分法，分爲六節，現按照每卷的內容詳細列舉如後。

釋卷四。第七百五十六行「三性義者，初遍計所執性」至第八百一十七行「三性別即諸教」。對「三性、三無性」引用《成唯識論》的概念界定進行解釋，對「遍計所執」引用《攝大乘論》原文作解釋。對「依他起性」的解釋，《解深密經疏》和伯二二五八號寫本都引用了《攝大乘論》，原文是「刹那後，無有功能，自然住故，名依他起」，而伯二二五八號寫本是「爲法生刹那後无有勢力，自然而住名依他起」。「功能」和「勢力」用詞不同，很有可能是本卷抄寫者引用的翻譯本子不同所致。對「圓成實」內容的解釋基本和原文一致。對「三無性」引用《成唯識論》《攝大乘論》《解深密經》的內容進行解釋。

釋卷五。第八百一十七行「疏云波羅泥斯」至第九百九十九行「入十信之位」。對「波羅泥斯、施鹿林、初密意說、無自性、大乘者、了義之言、三種法輪、五法三自性等、三皈五戒、十善、三乘有行之教」進行了解釋，尤其是對「施鹿林」和「初密意説」的解釋更爲詳細。伯二二五八號寫本作者没有引用窺基大師撰寫的《妙法蓮華經玄贊》卷四中「梵云婆羅痆斯，云波羅奈，訛也」這句話去解釋作者抄寫的「疏云波羅泥斯者即波羅奈」，《妙法蓮華經玄贊》卷四緊接着「梵云婆羅痆斯，云波羅奈，訛也」就是「施鹿林」的内容，伯二二五八號寫本作者的解釋文字却基本全部引用了这段「施鹿林」文字。第九百三十三行「南山宣律師」至第九百四十五行「号曰齊成」，内容與崇俊《法華經玄贊決擇記》卷一法清疏文基本一致。以下至第九百四十九行「三歸五戒」，見於栖復《法華經玄贊要集》卷四。遍查南山道宣律師著作，其中有《道宣律師感通録》，但該書中没有關於「提謂」的記載。以下徵引《阿毗達磨俱舍論》卷十八「分別業品第四之六」及釋光《俱舍論記》相關文字。第九百八十五行「又解四大本净」至第九百九十九行，全疏抄中僅此一段重複再解釋的内容，比較特殊。還保留了瓚法師（唐栖復集《法華經玄贊要集》卷一「後依北京瓚法師」及無名氏的《法華經玄贊釋》卷一「若依瓚法師」）語：「四大之本唯是真理，妄執四大以爲实有，今離妄執，故云本净，復懺悔已後，悟本真如，名本净也」。

釋卷六。第九百九十九行「提謂〔言〕或初地或八地」至第一千零七十九行「是故説脩道諦」。對「須陁洹果、趣解脱者、第五所被根、智者、二有處説、種性、四諦」等進行了解釋。其中「趣解脱者」須用「十六心觀」。「第五所被根」即將衆生按照根性不同，分爲「聲聞、緣覺、菩薩、不定乘性、無涅盤性」五種，對五種人採取不同的度法。「智者」，此處解釋爲「即是仏正體之智」，僅僅專指佛，不是泛指。「種性」

有二種：一無漏，二有漏。引《勝鬘經》《涅槃經》解釋「一无爲性」，引用《瑜伽師地論》解釋「二有爲性」。

釋卷七。第一千零七十九行「十二因緣略述五門」至第一千一百三十行「更有多義如餘處説」。解釋「十二因緣」，圓測《解深密經疏》原文稱爲「十二因緣」，伯二二五八號抄寫者抄寫的名稱爲「十二緣起」，並以五門簡略解釋了其内容。

釋卷八。第一千一百三十行「六度義有通有别通」至第一千一百八十一行「後二不遇緣發心也」。解釋了「六度、施三種、戒三種、忍三種、精進三種、静慮三種、般若三種、七方便波羅蜜者二種、力三種、智二種、三種病人」等内容，引用《解深密經疏》原文的話，更加簡練地進行了抄寫。其中「三種病人」是《解深密經疏》卷八原文中所没有的，但是卷二中有「是故諸病人，分别有三種」的内容。現引如後：

如央掘魔羅經第三卷。爾時大目揵連以偈問曰：云何世間病，分别説三種，或有醫治差，或不能醫治，或復有病人，雖得醫不差，是故諸病人，分别有三種。

爾時央堀魔羅以偈答曰：是義則不爾，不應説三種，可治不可治，唯二無有三。若作三分别，亦是聲聞乘。若諸聲聞乘，佛説蚊蜗乘，以彼無智故，分别有三種，所言耶定者，謂彼一闡提，正定謂如來。

釋卷九。第一千一百八十一行「一闡提者」至第一千五百三十三行。對「一闡提、攝受正法、大乘非法、重機、不成佛者、五性家、十六異論、十八部、佛、薄伽梵、四魔、摩揭陁國、俱蘇密城、王號無憂、四衆中龍象、邊鄙衆、大德衆、所漏失、無知、疑、異部宗輪論、龍樹菩薩、十地、提婆菩薩」進行了解釋。對「一闡提」用《涅槃經》《莊嚴論》解釋其内容，仍言斷善闡提不可成佛。第一千二百四十六行至一千二百四十七行「一性家即實法師仏性論説一切作仏。五性家者，即淄州沼法師造《惠日論》，明一分衆生不成仏」指出：一性家法寶法師認爲一切作佛，而淄州慧沼法師認爲有一分衆生不成佛。可見唐代佛教界内部仍然在對「一闡提」成佛問題的認識上不統一。「大乘非法」「重機」兩節解釋在《解深密經疏》原文中没有，此是伯二二五八號寫本解釋的。「十六異論、十八部」兩部分共五十五行，其解釋抄寫内容與《大乘法苑義林章·總料簡章》卷一内容相同。值得注意的是，「薄伽梵、四魔」兩節内容是對《解深密經疏》卷一中内容的解釋。第一千三百四十行「四衆中龍象衆者」至第一千四百六十八行「故曰宗輪」，撮略抄寫窺基的《異部宗輪論疏述記》卷一内容。

三、性質及定名

綜觀伯二二五八號《百法論疏抄上卷》全卷内容，其性質應該是寫本作者用草書對佛教經疏再注釋内容的快速抄寫。但在抄寫過程中，一些内容抄着抄着就突然不見了下文，留出幾個字的空白，再抄寫後文，以示抄寫有遺漏，留待抄寫結束以後再補充完整。該寫本通卷有校對符號，這表明作者以草書快速抄寫以後，作者抑或別人對抄寫内容進行過審查核對。至於後來卷中留出的空白地方再未補充遺漏的内容，經過仔細核對檢查，最可能的原因是抄者快速做記録，所遺漏的内容過多，以致無法在卷面上留出的空白位置進行補充。故伯二二五八號寫本至今呈現出的面貌就是：仍未能對遺漏的内容補充完整。

卷尾題「百法論疏抄上卷」，與卷首「百法」相呼應，爲糾正該寫本前賢不完全準確的定名起到了關鍵作用。爲何會産生卷首卷尾標題相呼應，但是伯二二五八號寫本定名不完全準確的失誤呢？通過辨識伯二二五八號寫本全部的内容，我們發現了其中的原因。一是沿襲敦煌寫本的定名規則而導致的。敦煌遺書中，首尾有題名的，就以首尾的題名對寫本進行命名；首尾缺失的，就以寫本内容進行命名。伯二二五八號寫本本身首部題寫「百法」，尾部題寫「百法論疏抄上卷」，這樣一來，首尾題名相互照應，加上寫本開始部分三紙的内容，就很快確認了伯二二五八號寫本的名稱。二是由於該寫本通卷以草書書寫，内容未能全部辨識。伯二二五八號寫本本身從頭至尾是草書書寫，從第七十八行「三弁宗體」開始至卷末，其内容已經變成了對唐代圓測大師所撰寫的《解深密經疏》内容解釋的抄寫，而不是《百法論述抄上卷》的内容。第七十八行「三弁宗體」與同一行緊接的「那由他溝也」之間僅僅留了兩個字的空白。與行文中其他地方所留的空白一樣，毫無異處，加上抄寫者或者别人在完成該卷抄寫之後，未標注出篇章行首標注符號，所以被前賢認爲依然是對《百法論述抄上卷》内容解釋的抄寫，故而産生了這個失誤。

爲何會産生卷首卷尾標題相呼應，但是内容主體部分却與題名不一致的失誤呢？伯二二五八號寫本《百法論疏抄上卷》從開頭至結尾，是一個人草書書寫的筆體，這就否定了因其他人半途抄寫而形成的内容與首尾標題不一致的情形。那麼會不會是將每頁單紙裱糊在一起的匠人造成的呢？經過仔細核對每張紙接縫粘接處前後文字内容，我們發現每張紙接縫處文字前後相連，不存在内容與文義不相符的情况。這也就排除了裱糊匠人單紙粘貼錯誤而造成内容與標題不相符合的情况。這樣一來，唯一的原因就是抄寫者本人的原因了，是抄寫者本人明確知道自己書寫的内容重心在抄寫對圓測所撰寫的《解深密經疏》内容再解釋的部分，有意識地在結尾書寫了「百法論疏抄上卷」這一書名。至於抄寫者爲何這麽做，其原因不得而知，也不好推測。

鑒於其性質和抄寫内容，伯二二五八號寫本應該重新定名。應該爲：百法論疏抄及解深密經疏抄。

四、書法意義

第一，顯示了使用價值高於藝術價值的取向。爲了快速記録書寫，全部卷面顯得書寫不整齊，整行字顯得多時偏右、偶爾偏左。因爲伯二二五八號寫本本身没有烏絲欄，所以從第一紙開始一直到第四十九紙結束，抄寫的每一竪行基本上都是傾斜的，以致通卷在整體上看顯得有些不工整，這樣反過來更加凸現了書寫者書寫的樸實自然和無雕琢之氣。通篇草書之中偶爾夾雜行書，卷面上還有多處因寫錯而校改的痕迹。急於記録，使得很多地方書寫不甚流暢，虽然談不上「純熟流暢、圓潤勁秀」，但是通卷氣勢連貫、草書運筆「書寫規範、功力深厚」的特徵十分明顯。

第二，爲我們提供了極爲重要的草書書法發展史實物資料。該寫本不僅爲我們提供了重要的歷史、文獻、宗教、語言文字等方面的研究價值，單從書體上看，該寫本書寫的特徵已經完全跨過了「章草」與「今草」之間的過渡期，「今體草書」爲其書寫特點，該卷已是純粹的今體草書了。該寫本爲我們展現了草書中夾雜的少量行書，以及一些異體字（俗寫和完全與今天簡化字相同的字），甚至是大量的草書書寫符號，在書寫文字的結構形態和大量的字形變化方面，爲研究中國草書書法發展史提供了原始資料。其在中國傳統草書書法方面的「正本清源」作用顯而易見，更可爲草書的學習和書寫提供準確、規範的樣本。

將伯二二五八號草書寫本與敦博〇八三號、伯二〇六三號、斯二三六七號等草書寫本對比而論，伯二二五八號寫本是很普通的草書作品。但就是這很多普通的草書作品，所展現給我們的是不亞於有唐一代名揚海内外的大書法家的草書作品的價值和意義，作爲唐代書寫者的真迹，爲我們呈現出用筆筆法、墨色濃淡，草書書寫文字結體、草書符號、草書合體字，以及通卷的校對符號等風貌。就是這些很普通的草書作品，爲我們展現了瞭解唐代草書書法演變歷史的第一手材料，正是很多件這樣普通的書寫作品，才構成中國書法演變的基石。

圖書在版編目（CIP）數據

百法論疏抄. 上卷 / 馬高强編著. --北京：社會科學文獻出版社，2022.3

（敦煌草書寫本識粹 / 馬德, 吕義主編）

ISBN 978-7-5201-9053-4

Ⅰ. ①百… Ⅱ. ①馬… Ⅲ. ①大乘－佛經－研究 Ⅳ. ①B942.1

中國版本圖書館CIP數據核字（2021）第196391號

·敦煌草書寫本識粹·

百法論疏抄上卷

主　　編 / 馬　德　吕　義

編　　著 / 馬高强

出 版 人 / 王利民

責任編輯 / 胡百濤　周雪林

責任印製 / 王京美

出　　版 / 社會科學文獻出版社・人文分社（010）59367215

地址：北京市北三環中路甲29號院華龍大厦　郵編：100029

網址：www.ssap.com.cn

發　　行 / 社會科學文獻出版社（010）59367028

印　　裝 / 北京盛通印刷股份有限公司

規　　格 / 開　本：889mm×1194mm　1/16

印　張：26　字　數：208千字　幅　數：178幅

版　　次 / 2022年2月第1版　2022年2月第1次印刷

書　　號 / ISBN 978-7-5201-9053-4

定　　價 / 498.00圓

讀者服務電話：4008918866